니체,
신과 교육을 말하다

니체,
신과 교육을 말하다

●

박상철 지음

아모르 파티 amor fati, 네 운명을 사랑하라

부록 소크라테스의 변론

학지사

서 문

삼척동자도 아는 이야기. 물이 반쯤 담긴 잔이 있다. 이 잔을 보고 "절반이나 남아 있어."라고 말하며 만족스러워하는 사람이 있는가 하면, "절반밖에 안 남았어."라고 말하며 안타까워하는 사람이 있다. 전자를 '낙천주의자'라고 부른다면 후자는 '비관주의자'라고 부를 수 있다. 이 책은 니체F. W. Nietzsche, 1844~1900라는 어느 비관주의자를 주인공으로 하여 쓴 이야기다.

잔을 세상이라고 하자. 잔에 절반쯤 담겨 있는 물은 참된 것, 선한 것, 아름다운 것, 성스러운 것, 한마디로 '가치'라고 하자. 니체는 가치가 이 세상에서 사라져 가고 있음을 안타까워하는 비관주의자다. 이 경우에는 '염세주의자'라고 불러야 옳을 것 같기도 하다.

염세주의자 니체의 눈을 빌려 세상을 보자. 세상을 채우고 있던 가치는 빠른 속도로 사라져 가고 있다. 그 주범은 말할 필요도 없이 우리 자신이다. 우리의 무엇이 그것을 없애고 있는가? 바야흐로 자본주의 시대의 주인, 권력과 돈을 드러내 놓고 찬양하는 우리의 의

지다. 중세시대 전체를 '신神'이라는 글자 한 자로 요약할 수 있다면, 근대 이후 오늘날 우리 시대 전체를 요약하는 한 글자는 '돈'이 아닌가? '신'으로 요약되는 시대와 '돈'으로 요약되는 시대 중에 어느 쪽이 더 야만에 가까운지 생각해 보라는 니체의 외침이 들리는 듯하다.

세상에서 사라져 가는 가치를 넋 놓고 바라보기만 하는 사람을 '소극적 염세주의자'라고 부른다면, 니체는 결코 그 부류에 속하지 않는다. 그는 우리가 사는 이 세상이 지금보다 더 나아지기를 간절히 바랐다. 그가 보기에 그 가능성은 소크라테스Sokrates와 예수Jesus의 삶, 전 존재를 내걸고 세상을 향해 질문을 쏟아 낸 두 성인聖人의 삶에서 찾을 수 있다. 니체 자신, 두 성인을 닮은 삶을 살았다. 이 점에서 그는 '적극적 염세주의자'다.

이 책은 소크라테스와 예수를 닮고자 했던 니체라는 어느 적극적 염세주의자에 관한 이야기를 담고 있다. 첫 번째 장('근대 지성인의 덫, 이데올로기')에서 필자는 니체 사상의 배경이 되는 프랑스혁명과 계몽주의에 대해 고찰하였으며, 이를 통해 니체의 문제의식을 드러내고자 하였다. 두 번째 장('이념 실현의 한 방법, 위대한 죽음')에서는 니체의 눈에 비친 소크라테스와 예수는 어떤 사람이었는지를 밝히고자 하였다. 세 번째 장('신이 죽어 가고 있다')에서는 가치의 실현을 위해 우리가 해야 할 일, 니체가 우리에게 제시하고 있는 처방을 소개하고자 하였다. 그리고 마지막 장('원숭이와 인간 사이')에서는 니체 사상의 핵심 개념인 '초인超人'과 '영겁회귀永劫回歸'를 앞의 세 장의 논의와 관련하여 새롭게 해석하고자 하였다. 이 글들은 최근에 한국도덕

교육학회의 『도덕교육연구』에 게재된 필자의 논문 ― 「이데올로기와 교육」(2013), 「이념 실현의 한 방법」(2013), 「니체의 학교교육론」(2014), 「초인과 영겁회귀의 교육학적 해석」(2014) ― 을 수정, 보완한 것임을 밝혀 둔다.

　필자는 『소크라테스의 변론』을 번역하여 이 책의 부록으로 실었다. 여기에는 소크라테스가 죽음을 맞이하는 모습, 지식과 이성의 힘으로 죽음에 대한 공포로부터 자유를 얻은 그의 모습, 인간으로서 불가능한 삶을 살다 간 어느 희랍인의 생생한 목소리가 담겨 있다. 예수의 마지막 모습 또한 소크라테스의 그것에 못지않게 이 세상에서 벌어질 만한 일이 아닌 것처럼 느껴졌으리라 상상해 본다.

　감사의 마음을 전해야 할 사람은 맑은 밤하늘의 별만큼이다. 그 많은 별들 하나하나에게 마치 하나뿐인 별인듯이 감사드린다.

2015년 3월
박상철

차 례
C O N T E N T S

근대 지성인의 덫,
이데올로기

근대 지성인의 덫,
이데올로기

근대 지성인의 덫, 이데올로기

'이데올로기ideology, idéologie'의 창시자는 프랑스의 계몽주의자인 데스튀트 드 트라시Destutt de Tracy, 1754~1836다.

'이데올로기'는 '관념觀念'을 뜻하는 'idea'와 '학문 분야'를 뜻하는 'logy'의 합성어로서, 관념에 관한 학문, 한마디로 '관념학'이라고 부를 수 있다. 한편, 'idea'는 대체로 우리말의 '관념'으로 번역되지만, 학문 분야로서의 관념학을 창시한 드 트라시의 기본 취지를 생각하면, '이념理念'으로 번역될 수도 있다. 그리하여 우리말의 '관념'과 '이념'의 차이를 염두에 두고 말하면, '이데올로기'는 관념에서 벗어나 이념으로 나아가는 방법을 찾는 학문이다. 이런 의미에서의 관념학은 오늘날의 학문체계에 비추어 보면 '교육학'이라고 불러도 무방하다.

또 한편, 오늘날 '이데올로기'라는 용어는 '특정 이데올로기를 누군가에게 강요한다.'거나 '특정 이데올로기를 신봉하며 살고 있다.'는 말에서와 같이, 의문의 여지없이 옳은 것으로 받아들이고 있거나 받아들이도록 강요하는 신념 체계라는 의미로 더 널리 사용되고 있다. 그 '신념 체계'를 앞에서 언급한 '관념'으로 바꾸어 놓고 생각해 보면, 우스꽝스럽게도 오늘날 이데올로기는 그 타도 대상으로서의 '관념'으로 탈바꿈한다. 비유하자면, 사기꾼 일당을 일망타진하기 위해 그들의 소굴로 들어갔다가 자신이 사기꾼의 우두머리가 되어 세상에 나온 셈이다. 앞으로 논의하겠지만, 학문 분야로서의 관념학이 이와 같은 기구한 운명을 맞이한 데는 나폴레옹 보나파르트Napoleon Bonaparte, 1769~1821가 한몫을 담당하였다.

이 책에서 필자는 근래에 널리 받아들이고 있는 용법을 따라, 특정 신념 체계를 가리킬 때는 '이데올로기'라는 용어를, 그리고 관념 또는 이데올로기에서 벗어나 이념으로 나아가는 방법을 찾는 학문 분야를 가리킬 때는 '관념학'이라는 용어를 사용하겠다.

드 트라시는 프랑스혁명1789~1794의 한가운데 서 있었다. 혁명의 열기가 그립다면 쇼스타코비치의 교향곡 5번, 〈혁명〉이라는 이름으로 널리 알려진 이 교향곡의 4악장을 들어 보는 것도 한 가지 좋은 방법이 될 수 있다. 광기 어린 눈빛으로 광장을 가로지르는 시민군의 묵직한 군홧발 소리, 매캐한 화약 연기가 말끔히 걷힌 자리를 가득 채우는 승리의 환호성이 우리를 혁명의 광장 한복판으로 안내할 것이다.

혁명의 불길이 앙시앵 레짐(구체제)을 전소시키고도 남을 만큼의 강도로 치솟고 있는 시기를 지나는 사람이라면 너나 할 것 없이 '새 술은 새 부대에' 담아야 한다고 생각했을 것이다. 드 트라시는 그 시대 사람들의 선두에 서 있었다. 그가 보기에 새로운 시대를 열기 위해서는 관념학이라는 학문이 반드시 필요했다. 개인과 사회가 마땅히 추구해야 하는 이념은 무엇인지, 그것의 실현을 방해하는 요인은 무엇인지, 그것을 실현하기 위해 무엇을 해야 하는지에 대한 진지한 논의가 반드시 필요했던 것이다. 이렇게 하여 탄생한 학문이 관념학이다.

냉전시대가 막을 내린 지금, 다니엘 벨D. Bell이 '이데올로기의 시대는 끝났다.'고 선언한 지금, 기존의 모든 것을 해체하려는 포스트모더니즘이 기세를 올리고 있는 지금, 이데올로기에 관한 논의는 구시대의 유물처럼 여겨지는 것이 사실이다. 게다가 이데올로기라는 용어에 붙어 있는 정치적인 면에서의 부정적, 혁명적 색채는 이데올로기에 관한 논의에 발을 들여놓기를 더욱 어렵게 만든다. 그러나 혁명의 불길이 사그라진 지금이야말로 차분한 마음으로 이데올로기에 관한 논의를 하기에 적절한 시점이라고 보아야 하지 않을까? 아이들을 올바른 방향으로 이끄는 사회적 과업으로서의 교육에 관심을 두고 있는 교육학자에게는 그러하다. 관념학의 창시자인 드 트라시와 그의 동료 계몽주의자들의 관심 한가운데에 교육이 있었다는 사실을 상기한다면 더욱 그러하다.

관념학의 조건

드 트라시와 그의 동료들이 실현하고자 했던 '이념'은, 관념학 탄생의 시대적 배경이 되는 프랑스혁명 전

후를 기준으로 하여 말하면, 자유自由와 평등平等과 박애博愛를 가리키지만, 넓게 말하면 자유와 평등과 박애에 더하여 정의正義와 진리眞理 등 시대와 장소를 막론하고 인류가 마땅히 추구해야 할 보편적 가치 전체를 가리킨다고 볼 수 있다. 인간이면 누구든지 받아들이지 않으면 안 되는 것으로서 칸트I. Kant, 1724~1804가 제시한 신神과 자유와 영혼불멸靈魂不滅 또한, 칸트 자신이 명명한 바와 같이, 이념에 해당한다. 이미 언급한 것들과 약간 중복이 되기는 하지만, 우리 모두가 마땅히 추구할 만한 가치로서, 진선미성眞善美聖, 즉 참된 것과 선한 것과 아름다운 것과 성스러운 것 또한 여기에 해당한다고 볼 수 있다. 앞에서 언급하였지만 한 번 더 강조하여 말하자면, 이념은 교육을 통해 실현해야 할 목적이기도 하다. 이 점은, 역시 한 번 더 강조하여 말하자면, 드 트라시와 그의 동료 계몽주의자들이 교육에 열렬한 관심을 보였던 이유이기도 하다.

관념학의 본래 취지와 전개 과정, 관념학이 이데올로기가 된 이유 등을 이해하는 데는 바르트H. Barth의 『진리와 이데올로기』(1976)를 참고할 만하다. 이 책에서 바르트는 드 트라시와 그의 몇몇 동료 계몽주의자들, 그리고 로크, 콩디약, 베이컨, 엘베시우스, 돌바크, 헤겔, 포이에르바하, 루소, 마르크스, 쇼펜하우어, 니체 등을 언급하고 있다. 그러나 그가 관념학 분야에서 주된 관심의 대상으로 삼아야 한다고 생각하는 학자는, 바르트 자신이 그 책의 결론에서 밝히고 있는 바와 같이(B 179), 그리고 오늘날 관념학 분야의 대표 학자인 만하임이 인정한 바와 같이(B 159n), 마르크스K. Marx, 1818~1883와 니체F. W. Nietzsche, 1844~1900다.

마르크스와 니체는 드 트라시와 그의 동료들이 창안한 관념학을 특별한 방향으로, 그리고 극단적으로 발전시켰다는 점에서 관념학을 대표하는 학자다. 마르크스와 니체 이외에 바르트가 그 책에서 언급하고 있는 여러 학자들은 마르크스와 니체를 이해하는 데 필요한 학자들로서, 그 두 사람을 이해하는 데 필요한 만큼만 언급되고 있다. 예를 들어, 헤겔과 포이에르바하와 루소의 사상은 마르크스의 관념학을 이해하는 데 필요하며, 쇼펜하우어의 사상은 니체의 관념학을 이해하는 데 필요하다. 이하에서는 바르트의 안내를 따라, 마르크스와 니체의 견해를 염두에 두고, 관념학의 본질과 그것이 삶과 교육에 대해 가지는 함의를 탐색해 보도록 하겠다.

드 트라시, 마르크스, 니체를 포함한 여러 학자들은, 당연한 말이겠지만, 세부적인 면에서 약간 다른 입장을 견지하는 경우도 있고, 전혀 상반되는 입장을 견지하고 있는 경우도 있다. 그러나 그들 모두는 두 가지 특징을 공유하고 있다는 점에서는 다르지 않다. 이 두 가지 특징은 다소간 서로 다른 입장을 견지하는 많은 학자들을 '관념학자'라고 부를 수 있는 중요한 근거이기도 하다. 그 두 가지 특징은, 첫째, 현실의 종교와 정치 제도에 대해 다소간 비판적 입장을 견지한다는 점, 둘째, 그릇된 관념이나 이데올로기에서 벗어나기 위한 방법을 제시하고 있다는 점이다.

관념학자들의 이 두 가지 특징과 관련하여 몇 가지 짚고 넘어가야 할 문제가 있다. 우선, 그들이 나타내는 첫 번째 특징과 관련하여, 현실의 종교와 정치 제도에 대한 비판은 앞에서 언급한 많은 학자들이 상당히 유사한 방식으로 수행하고 있다는 점에서 관념학의 중요한 특징 중의 하나다. 그러나 관념학의 두 번째 특징과 관련하여, 관념학자들은 그릇된 관념을 제거하기 위한 방법을 제시하고 있다는 점에서는 공통되지만, (적어도 관념학의 대표자라고 부를 수 있는 마르크스와 니체는) 각기 전혀 다른 종류의 방법을 제시하고 있으며, 바로 그 점에서 그들은 엄격하게 구분된다. 이 사실은 관념학의 성격을 이해하는 데 있어서 중요한 의미를 가진다. 즉, 여타의 학문과 구분되는 관념학의 새로운 점은 그릇된 관념을 제거하기 위한 새로운 방법을 제시한다는 데서 찾을 수 있다는 것, 특정 학자가 내세운 관념학의 근본적 특징은 그가 내세우는 방법상의 특이성에서 찾을 수 있다는 것을 의미한다. 예를 들어, 현실의 종교와 정치 제도를 비판하는 방식에서 마르크스와 니체의 관념학 사이에 차이가 없는 것은 아니지만, 양자의 결정적인 차이는 그릇된 관념을 제거하기 위해 두 사람이 제안하거나 활용하고 있는 방법에서 확인된다.

이상의 논의에서 우리는 신과 자유와 영혼불멸을 '이념'으로 내세운 칸트를 관념학자라고 부르기 어려운 이유가 무엇인지, 『진리와 이데올로기』에서 바르트가 칸트에 대해서는 거의 언급하고 있지 않은 이유가 무엇인지를 알 수 있다. 우선, 현실의 종교와 정치 제도에 대해 여느 관념학자들이 가졌던 만큼의 부정적 정서를 칸트가 가지고 있었다고 생각하기는 대단히 어렵다. 그러나 그보다도, 칸트의 편에서는 억울할 수도 있겠지만 관념학자의 편에서 보면, 그는 인간이면 누구나 마땅히 추구해야 하는 이념이 우리의 삶에 '선험적으로' 붙박여 있다는 개념적 사실, 즉 이념의 존재 방식에 대해 말했을 뿐 그것을 실현하기 위해 우리가 어떤 일을 해야 하는지에 대해서는 아무런 말도 하지 않았다. 이념이 우리의 삶에 선험적으로 붙박여 있다는 개념적 사실, 이 사실이 이미 그것을 실현하는 방법을 함의하고 있지 않느냐고 칸트는 항변할지 모른다. 이 점에서 칸트는 자신이 이념을 실현하는 방법을 말하지 않았다는 비판을 받아들이기 어려울지 모른다. 그러나 관념학자의 편에서 보면, 칸트의 선험철학은 그 이상의 것, 즉 이념의 실현을 위한 방법을 말해야 한다. 그리고 그것을 말하지 않으면, 칸트의 선험철학은 그 자신이 상상할 수도 없었던 오해, 칸트의 입장에서 보면 바보들이나 할 법한 오해를 받게 될 수도 있다. 다시 말하여, '그 이상의 것'은 칸트의 선험철학이 시사하는 바와는 전혀 무관한 무엇이 될 수도 있고, 발설하지 않았을 뿐 칸트가 마음에 품고 있었던 무엇이 될 수도 있다.

관념학의 창시자 드 트라시, 그는 1801년에서 1815년까지 15년에 걸쳐 『관념학의 요소Éléments d'idéologie』라는 제목으로 4권의 책을 출판하였다. 그가 관념학의 두 기둥으로 삼았던 것은 로크와 콩디약의 감각론, 그리고 베이컨의 우상론이었다. 우선, 드 트라시는 로크와 콩디약의 감각론을 따라 지각, 기억, 판단, 의지, 반성 등 인간의 일체의 정신 능력은 감각에서 생긴다는 입장을 견지하였다. 관념 또한 인간의 정신 능력의 산물이며, 따라서 근원을 거슬러 올라가면 그 출발지에 감각이 있다. 여타의 정신 능력과 관념을 굳이 구분하자면, 관념은 감각이 충분히 그리고 오랫동안 작동했을 때 궁극적으로 우리가 마음에 가지게 되는 정신 능력, 다시 말하여 감각을 포함한 지각, 기억, 판단, 의지, 반성 등 여타의 정신 능력이 충분히 그리고 오랫동안 작동했을 때 비로소 가지게 되는 최종 형태의 정신 능력을 가리킨다. 『관념학의 요소』에서 드 트라시는 말한다.

> 우리가 반드시 유념해야 할 것은, 실지로 존재하는 것은 개체 이
> 외의 다른 것일 수 없다는 점, 우리가 가지는 관념은 우리 바깥에
> 경험적 실체로 존재하는 무엇이 아니라 개체에 대해 가지게 된 지
> 각을 분류함으로써 우리 마음이 만들어 낸 것 이외의 다른 것일 수
> 없다는 점이다(B 3).

　관념이 감각에서 생긴다는 말은, 직접적으로는, 우리가 어떻게
감각하느냐에 따라 그릇된 관념을 가지게 될 수도 있고 올바른 관념
을 가지게 될 수도 있다는 것을 의미하며, 드 트라시가 구축하고자
한 관념학의 성격을 염두에 두고 생각하면, 감각의 올바른 사용을
통해 자연 세계로부터 알게 되는 자연의 법칙이야말로 만사의 옳고
그름을 판단하는 기준으로서의 올바른 관념이 될 수 있다는 것을 의
미한다.

　드 트라시가 보기에, 인간이 마땅히 추구해야 할 가치 기준은 누
군가에 의해 외부로부터 우리에게 주어지는 것이 아니라, 감각을 활
용한 자연의 탐구, 즉 자연 세계에 대한 과학적 탐구를 통해 우리가
밝혀내야 할 무엇이며, 그렇게 하여 확인된 자연의 법칙은 곧 인간
사회의 부조리를 척결하고 새로운 사회를 구축하는 기준이 된다. 넓
게 보면, 인간 또한 자연의 일부이며, 자연의 법칙에 복종하는 존재
라는 점에서 여타의 동물과 조금도 다르지 않다. 인간에게 주어진
특권적 지위란 없으며, 저 멀리 하늘에서 보면, 인간의 몸짓은 동물

의 움직임과 다를 것이 없다. 인간의 이사와 동물의 이동은 욕구를 좀 더 효과적으로 충족하기 위한 거주지 또는 서식 공간의 변경 행위일 뿐이다. 몸짓과 움직임의 구분, 이사와 이동의 구분, 거주지와 서식지의 구분은 인간이 만든 자의적 구분이다. 이 점에서 드 트라시가 자신의 관념학을 '동물학'의 일부로 간주한 것은 결코 우연이 아니다(B 2).

인류를 원숭이의 옆자리에 세우는 일에 이토록 뛰어난 지성인이, 그토록 고귀한 이성을, 이렇게 넘치도록 낭비하다니 믿을 수가 없다는 불평을 늘어놓는 사람이 있을지 모른다. 그러나 따지고 보면 그 불평은 설레는 마음으로 미지의 세계 탐험에 나서는 재기발랄한 청년의 탐구 의지를 더욱 자극하는 시기의 목소리, 결국 격려의 목소리다. 자연의 법칙을 알아내야 할 이유는 분명하다. 실패할지도 모른다는 의구심, 그런 것은 상상조차 할 수 없다. 인간이 이성을 활용하여 자연의 법칙을 올바르게, 좀 더 효과적으로 탐구하기 위해서는 어떻게 해야 하는지의 문제만 남아 있을 뿐이다. 드 트라시와 그의 동료 관념학자들은 이 문제의 해답의 방향을 베이컨F. Bacon, 1561~1626의 우상론에서 찾았다.

신수神秀의 계송偈頌을 아는 동양의 지성인이라면 베이컨의 우상론을 베이컨의 설명보다 더 쉽고 정확하게 이해할 수 있을 것이다. 선종禪宗을 대표하는 경전 중의 하나인 『육조단경六祖壇經』에는 신수의 다음과 같은 계송이 기록되어 있다.

　　　身是菩提樹　　몸은 보리의 나무요

心如明鏡臺　마음은 밝은 거울과 같나니

時時勤拂拭　때때로 부지런히 털고 닦아서

莫使有塵埃　티끌과 먼지 묻지 않게 하라

신수의 게송에 비추어 베이컨의 우상론을 이해하려면 신수가 거울에 비유한 마음의 기능이 세계의 실상實相을 아는 데 있다는 사실 하나만 첨가하면 된다. 사실, 마음의 기능이 세계의 실상을 아는 데 있다는 생각은 신수의 게송에도 이미 들어 있다고 보아야 하는지 모른다.

이제, 마음은 세계를 비추는 거울이다. '마음은 세계를 비추는 거울'이라는 이 말은 즉각적으로 로티R. Rorty를 떠올리게 한다. 로티는 『철학 그리고 자연의 거울』(1979)에서 그 말을 전통적 인식론 전체를 특징짓는 명제로 삼고 있다. 한 가지 납득하기 어려운 점은, 그 책에서 로티는 단 한 차례도 베이컨에 대해 언급하고 있지 않다는 것이다.

다시, 마음은 세계를 비추는 거울이다. 거울이 대상을 얼마나 정확하게 담는가 하는 것은 거울이 깨끗한 정도에 달려 있다. 이와 마찬가지로, 마음이 세계를 얼마나 정확하게 파악하는가 하는 것은 마음이 깨끗한 정도에 달려 있다. 거울에 앉은 티끌과 먼지는 대상을 왜곡한다. 거울에 앉은 티끌과 먼지에 해당하는 것이 마음에도 있다면, 그것은 틀림없이 우리가 세계의 실상을 보지 못하도록 방해할 것이다. 아리스토텔레스의 『오르가눔』을 대체하기 위한 방법론인 베이컨의 『노붐 오르가눔Novum Organum』은 지식탐구의 새로운 방법이라는 의미를 가지고 있는 책이다. 『신방법론新方法論』으로 번역될 수 있는 이 책에서 베이컨은 실지로 마음을 거울에 비유하고 있으며, 마음에 앉은 티끌과 먼지를 '우상'이라고 명명하고 있다.

베이컨의 『신방법론』은 1620년에 라틴어로 출판되었으며, 영어 번역판은 그로부터 250여 년이 지난 1863년에 세상에 나왔다. 『신방법론』에서 베이컨의 관심은 지식을 올바르게 탐구하는 방법을 밝히는 데 있으며, 이 점에서 그것은 『방법서설』(1637)에서의 데카르트R. Descartes, 1596~1650의 관심과 정확하게 일치한다. 『방법서설』이라는 제목으로 널리 알려져 있는 그 책의 원래 제목은 『이성을 올바르게 활용하고 학문에서 진리를 발견하기 위한 방법서설』이다.

『신방법론』의 제1권에서 베이컨은 말한다. "인간의 마음을 어지럽히는 우상의 종류에는 네 가지가 있다. 이것들을 구분하기 위해 편의상 이름을 붙이자면, 각각 '종족의 우상idola tribus' '동굴의 우상idola specus' '시장의 우상idola fori' '극장의 우상idola theatri'이라고 부를 수 있다"(§39).

> 올바른 귀납법을 활용하여 관념과 공리를 구축하는 것, 이것이 마음에서 우상을 말끔하게 제거하고 차단하기 위해 우리가 활용할 수 있는 적절한 치유책이라는 데는 의문의 여지가 없다. 그렇게까지는 아니더라도, 우리 마음을 어지럽히는 우상이 어떤 것인지를 정확하게 아는 것만으로도 대단히 유익할 것이다. 소피스트의 논박술을 아는 것이 상식 논리를 이해하는 데 도움이 되듯이, 우상에 관한 이론은 자연을 해석하는 데 도움이 될 것이기 때문이다(§40).

첫째, '종족의 우상'에 대하여―"종족의 우상의 근거지는 인간의 본성 그 자체, 종족으로서의 인간이다. '인간의 감각은 만물의 척도'라는 주장이 그릇된 이유는 바로 여기에 있다. 비록 그릇된 주장이기는 하지만 그러면서도 분명하게 시사하는 바와 같이 일체의 지각은 그것이 감각에 의한 것이건 마음에 의한 것이건 간에, 우주의 보편적 척도에 따라서가 아니라 인류의 개별적 척도에 따라 이루어진다. 그리하여 인간의 이해는 반사광선을 정상적으로 받아들이지 못하는 불량 거울에 비유될 수 있다. 불량 거울은 그 불량한 성질을 사물과 뒤섞어서 사물의 실상을 왜곡하고 그것에 착색한다"(§41).

둘째, '동굴의 우상'에 대하여―"동굴의 우상은 개체로서의 인간에 의해 만들어진 우상이다. (인간의 본성 일반에서 공통적으로 나타나는 오류에 더하여) 인간은 누구든지 각기 나름의 동굴이나 사적 공간을 가지고 있으며, 그로 말미암아 자연의 빛이 굴절되고 착색된다. 그것은 개인 고유의 특수한 본성에서 기인한 것일 수도 있고, 그가 받은 교육이나 사람들과의 친교에서 기인한 것일 수도 있고, 그가 읽은 책이나 그가 존경하고 찬양하는 권위자에서 기인한 것일 수도 있고, 그가 가진 인상의 특이성―선입견이나 편견이 가득한 마음 상태에서 형성된 인상인가, 아니면 중립적이고 차분한 마음 상태에서 형성된 인상인가―에서 기인한 것일 수도 있다. 그리하여 인간의 정신은 (각자가 가진 특성의 영향을 받아 형성된 것일 수밖에 없는 까닭에) 사실상 변덕스럽고 혼란스러운 것으로 가득 차 있다. 말하자면 우연에 내맡겨져 있는 셈이다. 이 점에서, 헤라클레이토스가 잘 지적한 바와 같이, 인간은 크고 넓은 세계에서가 아니라 자신이 만든 편협한 세계에서 지식을 추구하고 있다"(§42).

셋째, '시장의 우상'에 대하여─"인간 상호 간의 접촉과 교류에서 생기는 우상도 있다. 서로 간의 거래와 관계가 형성되는 대표적인 장소가 시장이라는 점을 고려할 때, 이것은 '시장의 우상'이라고 부를 수 있다. 인간 상호 간의 교류를 가능하게 하는 것은 담화이며, 언어는 상식인의 이해 수준에 맞추어져 있다. 이 점에서 부적절하게 선택된 언어는 이해에 엄청난 방해물로 작용한다. 어떤 경우에 학자들은 새로운 정의와 설명을 만들어서 그것으로 언제나 자신들을 보호하고 방어하려 하지만, 그 어떤 수단도 상황을 개선하지 못한다. 아니 정반대로, 명백히 언어는 이해에 폭력을 가하고 좌지우지하며, 모든 것을 혼란에 빠뜨리며, 수없이 많은 공허한 논쟁과 쓸데없는 망상으로 우리를 내몰고 간다"(§43).

넷째, '극장의 우상'에 대하여─"끝으로, 여러 철학자들의 다양한 학설과 그릇된 증명 방법에서 발원하여 인간의 마음에 자리잡게 된 우상이 있다. 나는 그것을 '극장의 우상'이라고 부르겠다. 내가 생각하기에, 현재 통용되고 있는 모든 지식 체계는 비현실적이고 겉보기에만 그럴듯한 방식으로 각자가 지어낸 세계를 보여 주는, 수많은 무대에서 공연되는 연극 대본과 조금도 다르지 않기 때문이다. 내가 말하는 지식 체계에는 요즘 인기를 끌고 있는 지식 체계뿐 아니라 옛날 학파와 철학도 포함된다. 앞으로도 그와 같은 수많은 연극 대본들이 더 만들어지고 역시 기만적인 방식으로 무대 위에서 상연될 것이다. 각각에서 확인되는 오류는 전혀 다를 수 있지만, 그 원인은 대체로 같다. 다시 말하거니와, 이 우상에 사로잡혀 있는 것은 옛날과 오늘날의 지식 체계만이 아니다. 맹신과 태만에 찌들어 있는 전통을 따르는 과학 분야의 수많은 원리와 공리 또한 마찬가지다"(§44).

이 장의 서두에서 필자는 "이데올로기라는 용어에 붙어 있는 정치적인 면에서의 부정적, 혁명적 색채는 이데올로기에 관한 논의에 발을 들여놓기를 더욱 어렵게 만든다."고 말한 바 있다. 그러나 이상의 논의 어디에서도 그런 부정적, 혁명적 색채는 찾을 수 없지 않은가? 아마 그럴지 모른다. 베이컨의 일차적인 관심은 지식탐구의 올바른 방법을 찾는 데 있었다. 그런 만큼 그는 자신의 우상론이 현실의 종교와 정치 제도를 비판하는 도구로 활용되리라고는 상상조차 할 수 없었을 것이다. 드 트라시 또한 그 당시 많은 계몽주의자들이 그러했듯이, 마음의 우상을 제거하기 위한 도구로서의 교육에 대한 열렬한 신봉자였을 뿐, 현실의 종교와 정치 제도를 비판하는 일에 그만큼의 열의를 보이지는 않았던 듯하다. 그들의 일차적인 관심은 마음의 우상을 제거하기 위한 교육에 있었으며, 그들에게 필요했던 것은 그 일을 하기 위한 조건으로서의 '자유'였다. 그들이 필요로 했던 것은 종교적인 면에서나 정치적인 면에서 아무런 제약이 없는 상태에서 마음껏 자연과 사회를 탐구하는 것, 한마디로 말하여 지식탐구의 자유였다. 그러나 그들이 바랐던 그것은, 그들의 편에서 보면 지극히 당연하고 사소한 바람이었을지 모르지만, 현실의 종교나 정치와 불편한 관계를 연출하였다. 그 관계의 상대편에는 다름 아닌 나폴레옹 보나파르트가 서 있었다.

정치가로서의 경력을 쌓아 가던 시기에 나폴레옹은 관념학자, 계몽주의자들의 환심을 사기 위해 부단히 노력했으며, 어쩌면 진심으로 그들을 자신의 동료로 받아들였던 듯하다. 나폴레옹은 1797년에 프랑스 국립학술원의 회원으로 가입되었으며, 이에 대한 감사의 편지에 "진정한 정복, 그 누구에게 어떤 후회도 안겨 주지 않을 유일한 정복, 그것은 바로 무지의 정복입니다."라고 써넣은 장본인이었으며(B 9), 프랑스에 대한 본격적인 집정을 시작하는 날 자신의 포부를 밝히는 자리에서 "우리가 원하는 것은 참된 자유와 공민으로서의 자유, 그리고 대의 제도의 토대 위에 서 있는 공화국입니다. 우리가 그 공화국의 국민이 되어야 합니다. …… 이 자리에서 저는 바로 그 공화국을 건설할 것을 맹세합니다."라고 선언한 장본인이었다(B 9). 관념학자들 또한 자신들이 바라 마지않는 지식탐구의 자유를 나폴레옹이 제공하고 수호해 주리라 믿었다. 그러나 그들의 동맹 관계는 그리 오래가지 않았다.

통령에 이어 황제의 자리에 오르자 나폴레옹은 현실에 눈을 뜨기 시작했다. 그 자리에서 바라보니, 관념학자들은 자유, 평등 운운하며 사회를 비판하는 골칫덩어리이자 자신의 정치 행위에 방해가 되는 눈엣가시였다. 그보다 더 심각한 문제는 관념학자들과 종교계의 불편한 관계에서 발생하였다. 관념학자들 중에는 종교가 없어져야 한다는 극단적인 입장을 취하는 사람도 있었겠지만, 그들 대부분이 바랐던 것은 종교 선택의 자유, 종교의 방해를 받지 않는 상태에서의 자유로운 지식 탐구였다. 기독교의 교리나 성경 구절을 내세워 지식의 진위를 판단하려 한다거나, 무신론의 입장을 표방하는 발언은 사회를 혼란에 빠뜨리므로 절대로 하지 말아야 한다는 등의 규제는 관념학자들의 신념과 정면으로 배치되었다. 관념학자들이 가졌던 이 바람은 그들의 편에서 보면 사소한 바람이었을지 모르지만, 종교계의 편에서 보면 그동안 누려 왔던 종교의 권위를 통째로 뒤흔드는 위험한 요구였다.

오늘날 정치계와 경제계의 유착(이른바 '정경유착')에 못지않은 강도로 정치계와 종교계의 끈끈한 유착 관계가 형성되어 있던 상황, 그리고 종교에 대한 평민의 믿음과 국왕에 대한 그들의 충성심이 그다지 명확하게 구분되지 않던 옛날의 상황을 고려할 때, 종교에 대한 비판은 사회의 혼란으로, 사회의 혼란은 정치적 부담으로 자연스럽게 연결되었으리라는 것은 짐작하고도 남음이 있다. 영리한 나폴레옹은 관념학자들과 멀어지는 대신 종교계에 화해의 눈길을 보냄으로써 사회의 안정과 자신의 정치적 입지를 동시에 공고히 하고자 하였다. "내 사전에 불가능이란 없다."라는 말에 못지않게 유명한 나폴레옹의 명언으로서 "종교는 평민의 입을 막는 데 적격이다."라는 말은 이러한 배경에서 나온 것이다. 나폴레옹과 종교계의 전략적 공생 관계가 깊어질수록 나폴레옹과 관념학자들의 관계는 소원해졌다. 급기야 나폴레옹은 관념학자들을 신랄하게 비난하기에 이르렀다—"우리가 사랑하는 조국 프랑스가 겪는 모든 불행은 저 사악한 형이상학, 바로 관념학 탓이라 하지 않을 수 없습니다. 저들은 법률을 인간의 가슴에 있는 지식, 역사가 주는 교훈에 맞추는 대신에, 자기들끼리 은밀하게 탐색하는 제1원리 위에 국가의 법률을 세우려 듭니다"(B 13).

마르크스와 니체

당초 종교와 정치는 관념학, 적어도 드 트라시의 관념학 바깥에 있었다고 볼 수 있다. 나폴레옹에게 종교가 그러했듯이, 드 트라시와 초기 관념학자들에게 종교와 정치는 자신들이 바라 마지않는 자연의 질서를 탐색하는 일에 지원군이 될 수도 있고 방해꾼이 될 수도 있는, 관념학 바깥의 권력이었다. 그러나 관념학이 발전함에 따라 종교와 정치는 더 이상 관념학의 바깥에 머무르지 않았다. 엘베시우스C. A. Helvétius, 1715~1771는 종교와 정치를 관념학의 한가운데로 끌어들였다. 그리고 마르크스와 니체는 엘베시우스가 열어젖힌 관념학의 새로운 가능성을 극한까지 발전시켰다. 인류 역사상 다소간의 명성을 얻은 수많은 학자들을 모아 놓고 '다른 사람 칭찬하지 않기' 내기를 하면 서로 수위를 다투거나, 적어도 상위권에 들기에 충분한 자질을 갖춘 두 사람, 마르크스와 니체가 엘베시우스에게 아낌없는 찬사를 보낸 것은, 그들이 엘베시우스에게서 관념학의 놀라운 가능성을 보았기 때문이다(B 28~31).

엘베시우스가 관념학에 기여한 바를 알기 위해서는 베이컨의 우상론을 다시 한 번 되새길 필요가 있다. 앞에서 고찰한 바와 같이, 베이컨은 인간의 마음에 자리잡고 있는 우상이 자연의 실상을 파악하는 데 장애물로 작용하고 있다고 생각하였다. 베이컨은 그 우상을 종족의 우상, 동굴의 우상, 시장의 우상, 극장의 우상으로 분류하고 있다. 이제 누군가가 우상론의 논의 영역을 개인의 인식 문제, 개인의 마음 안의 문제로 한정 짓는 대신에 개인과 사회의 관계 문제로 확대하여, "우리가 가지고 있는 그릇된 관념으로서의 우상은 어디서 생긴 것인가, 그것으로부터 자유로운 사람이 과연 있는가?"라고 묻는다고 하자. 이 질문에 대해 베이컨은 '귀납법' 운운하면서 그 우상을 파괴할 수 있다고 말할 뿐 그 이상으로 대답할 준비가 되어 있지 않다. 어느 대목에서 그는 종교와 미신을 구분하면서 미신이야말로 우상에 못지않게 자연의 실상을 파악하는 데 장애물이 된다는 그럴듯한 주장을 내놓고 있다. 그러나 그의 이 주장은 어떻게 보면 종교, 그리고 그의 동반자인 정치와의 전면전을 피하기 위한 아첨에 지나지 않는다. 다시, 그 우상의 정체는 무엇인가? 엘베시우스가 아니더라도 이 질문을 피할 수 없는 처지에 있는 사람이면 누구든지, 심지어 솔직하게 말할 수 있는 자리에 있는 베이컨까지도, "그것으로부터 자유로운 사람은 아무도 없다. 그리고 그 우상의 진짜 원천지는 다른 것이 아니라 현실의 종교와 정치 제도다. 아니, 그 우상은 곧 일체의 사회 제도다."라고 대답할 수밖에 없다.

관념학과 관련하여 주목할 만한 엘베시우스의 저작은 『정신론De l'Esprit』(1758)과 『인간론De l'Homme』(1772)이다. 이하 엘베시우스의 말에서 첫 번째 것은 『정신론』에서, 그리고 두 번째 것은 『인간론』에서 가져온 것이다.

우리가 가진 관념은 우리가 속한 사회의 필연적 소산이다(B 33).

자유정치 체제하의 사람들은 대체로 개방적이고, 성실하고, 근면한 반면에, 전제정치 체제하의 사람들은 부정직하고, 야비하고, 멍

청하고, 비겁하다면, 이 성격의 차이는 그들이 사는 정부 형태의 차이, 그리고 그곳에서 그들이 받은 교육 형태의 차이에서 기인한 것이라고 보아야 한다(B 34).

엘베시우스의 발걸음은 여기서 멈추지 않는다. 그가 보기에 우리의 마음에 영향을 미치는 종교와 정치 제도는 그것을 만들고 운영하는 권력과 다르지 않다. 결국 우리의 마음을 만드는 것은 우리 보통 사람과 제도 위에 군림하는 권력이다.

> 지체 높은 자의 편견은 힘없는 자의 법이다(B 35).

> 여론이 세상을 지배한다고 그들은 말한다. 대중의 여론이 통치자를 압박한 사례가 있었으리라는 데는 의문의 여지가 없다. 그렇다면, 그것은 진리가 가진 권력(power of truth, 진리가 발휘하는 힘)과 관련이 있다고 보아야 하는가? 전혀 그렇지 않다. 그와는 반대로, 우리가 경험을 통해 알게 된 바에 의하면, 도덕이나 정치와 관련된 거의 모든 문제를 결정하는 것은 드높은 이성을 소유한 자가 아니라 권력을 잡은 자다. 여론이 세상을 지배한다고 말할 수 있을지 모르지만, 그 여론을 지배하는 것은 결국은 권력자다(B 35).

엘베시우스의 발걸음은 여기서 멈추지 않는다. 권력자는 자신의 이익—엘베시우스의 용어로 '행복'—을 실현하기 위해 세상을 지배하며, 이익을 바란다는 점에서는 우리 모두가 권력자와 다르지 않다. 이 점에서 인간은 누구든지 권력을 손에 쥐고자 하며, 자신에게 허용된 권력의 한도 내에서 눈치껏 이익을 추구하고 있다.

권력은 이 세상 전부다(B 35).

인간은 누구든지 다른 사람을 부리는 자리에 앉기를 원한다. 왜냐하면 인간은 누구든지 모든 동료 시민이 자신의 바라는 바에 주목하기를 원하기 때문이다. 이때 다른 사람을 그렇게 만드는 가장 확실한 수단은 권력과 완력이다. 행복애에 근거하고 있는 권력애는 우리가 가진 모든 욕망의 공통 목표다. 재산, 명성, 질투, 존경, 정의, 덕, 불관용—이 모든 것들은 우리가 가진 권력애의 다른 이름이거나 가면에 지나지 않는다(B 34).

"권력은 이 세상 전부다."라는 엘베시우스의 말은 니체의 유명한 말, "The world itself is the will to power—and nothing else!"(WM 1067)를 연상시킨다. 니체의 이 말은 "이 세계는 권력을 향한 의지로 가득 차 있다. 그것 이외에 아무것도 없다."는 뜻으로 풀이될 수 있다.

바르트는 마르크스와 니체가 사회와 인간의 마음에 대한 엘베시우스의 분석을 각각 어떤 방향으로 발전시켰는지에 대해 다음과 같이 말하고 있다.

무자비할 정도로 비판적인 정신의 소유자인 마르크스와 니체가 그럴 만한 충분한 이유 없이 엘베시우스를 높이 평가했으리라는 것은 상상조차 할 수 없다. 아닌 게 아니라, 그들은 유물론, 합리주의, 공리주의라는 편파적이고 모욕적인 이름표에 가려져 있는 엘베시우스의 특별한 통찰을 드러내어 보존하는 데 관심을 두었다. 즉, 마르크스는 인간에 대한 엘베시우스의 분석이 나타내는 사회학적 측면에, 니체는 '권력애'를 핵심으로 하는 그의 심리학에 마음을 빼앗겼다. 두 사람은 또한 몽테뉴, 파스칼, 퐁트넬, 라로슈푸코 등과 같은 학자에게서 얻은 이런저런 날카로운 통찰이 엘베시우스의 사회학과 심리학에 포함되어 있다는 것도 알고 있었다. 마르크스는 공적 생활의 문제와 관련하여 이루어지는 실제적이고 이론적인 면에서의 인간 행동이 사회적 환경의 산물이라는 엘베시우스의 주장에 강한 충격을 받았다. 니체가 엘베시우스에게 끌렸던 이유는 그가 '권력을 향한 의지' 이론의 선구자였기 때문이다(B 30-31).

이하에서 고찰하겠지만, 사회와 인간의 마음에 대한 엘베시우스의 분석을 받아들여 마르크스와 니체가 한 일을 생각해 보면, 마르크스는 제도파괴의 방법을, 그리고 니체는 자아파괴의 방법을 제시했다고 말할 수 있다.

복잡한 분석을 제시하지 않더라도 마르크스가 제도파괴의 방법을 제시했다는 점에는 누구든지 손쉽게 동의할 수 있을 것이다. 우선, 앞의 논의에 의하면, 베이컨은 자연의 실상을 파악하는 데 방해물로 작용하는 마음의 티끌과 먼지를 '우상'이라고 명명하였다. 마르크스의 사상에서 베이컨의 '우상'에 해당하는 개념은 'false consciousness'다. 이홍우 교수(2003)에 의하면, 일반적으로 '허위의 식'으로 번역되는 이 단어는 일상의 어법을 고려할 때 '의관념義觀念'으로 번역되는 것이 타당하다. 예를 들어, 우리가 사용하는 '의치義齒'나 '의족義足'이라는 단어는 각각 'false teeth'와 'false leg'의 번역어다. 이 맥락에서 '의義'는 외부에서 가져다 붙인 가짜라는 의미를 가진다—"의관념은 …… 우리 관념에도 다리나 이빨의 경우처럼 추리 자신의 것이 아닌, 밖에서 억지로 갖다 붙여진 가짜 관념이 있다는 것을 나타낸다. 그것은 우리에게 붙어 있다는 바로 그 점에서 우리 자신의 것이라는 착각을 불러일으키지만, 또한 그것이 어떤 점에서든지 불편을 주거나 거추장스럽게 되면 언제고 벗어던질 수 있다는 점에서 우리 자신의 것이 아니다."

대체로 말하여 '의관념'은 베이컨이 말한 '우상'에 인간 사회에 대한 엘베시우스의 통찰이 결합되어 탄생한 개념이며, 베이컨에게 우상이 그러했듯이, 마르크스에게 의관념 또한 철저하게 파괴해야 할 인식의 방해물이다. 마르크스는 『정치경제학 비판 요강』(1859)의 서문에서 다음과 같이 말하고 있다.

인간의 실존은 사회적 생산이며, 그 과정에서 인간은 자신의 의지와 무관하게 특정한 관계, 즉 자신이 가진 물질 생산력의 발달 단계에 부합하는 생산 관계에 어쩔 수 없이 들어가게 되어 있다. 이 생산 관계의 총체가 사회의 경제 구조를 만들어 내며, 이 실질적 토대 위에 법적, 정치적 상부구조가 세워지며, 그에 상응하여 특정한 사회적 의식이 형성된다. 물질생활의 생산 양식은 사회적, 정치적,

지적 생활의 전 과정을 제약한다. 의식이 실존을 결정하는 것이 아니라, 사회적 실존이 의식을 결정한다.

의관념의 내용을 이해하는 데 필요한 범위 내에서 앞에 인용한 마르크스의 유명한 말을 부연 설명하면 다음과 같다. 인간 사회에 이런저런 제도가 등장하기 이전의 상태를 상상해 보자(도대체 그런 상태를 상상할 수 있는지부터가 문제다). 어떤 곳에 인간과 거의 비슷한 영장류 몇 명이 있다고 해 보자. 분명한 것은 그곳에 한 명이 있을 수는 없다는 것이다. 그들은 의식주 문제, 생존을 위한 최소한의 필요를 충족시키기 위해 노동을 했을 것이다. 그리고 그 과정에서 그들은 서로가 협력하지 않으면 살아남기 어렵다는 것, 협력을 통해 자신들의 필요를 더 효과적으로 충족시킬 수 있다는 것을 누가 가르쳐주지 않아도 자연스럽게 알게 된다. 이렇게 하여 사회적 관계가 형성되며, 그 사회적 관계는 사람의 수가 많아질수록 복잡해진다. 인간은 그 사회적 관계망 안에서 살아간다.

다른 사람과의 협력을 통해 더 많은 재화를 더 효과적으로 생산할 수 있다는 사실에서 따라 나오는 필연적 귀결로서, 노동의 분화, 전문화가 이루어진다. 모든 사람이 모든 일을 하는 것보다 각자가 잘하는 일을 나눠서 하면 더 많은 재화를 더 효과적으로 생산할 수 있다는 것은 자명하며, 이것 역시 누가 가르쳐주지 않아도 자연스럽게 알게 된다. 진짜로 그런지는 의문이지만 말이다. 노동의 분화가 이루어질수록, 재화의 생산을 위한 노동 구조가 복잡해질수록, 인간은 자신이 맡아서 하는 일이 전체 노동 구조에서 어떤 의미를 가지는지, 도대체 그 일을 왜 해야 하는지 알지 못한다. 아니, 모르는 것이 더 편리하고 안전하다. 이유야 어찌되었건 자신이 맡은 그 일을 충실히 수행하면 그만이다. 이렇게 하여 노동의 과정과 결과로부터 '자기소외自己疏外, Selbstentfremdung' 또는 '자기외화自己外化, Selbstentäußerung'가 발생한다. 사실상 이 자기소외는 이하에서 언급할 계급구조를 공고히 하는 조건으로 작용한다.

인간은 누구든지 남들보다 더 많은 재화를 소유하고자 한다. 사회적 생산 관계 안에서 인간의 이 욕망은 다른 사람의 노동력을 활용함으로써 실현된다. 이렇게 하여 조금 일하고 많이 가지는 자와 많이 일하고도 조금 가지는 자, 부리는 자와 부림을 당하는 자, 지배자와 피지배자가 나타나며, 나아가서는 지배계급과 피지배계급이 탄생한다. 지배계급과 피지배계급이 탄생한 시점을 특정할 수는 없지만, 한 가지 분명한 사실은 지금 우리는 재화를 더 많이 소유하고자 하는 인간의 욕망이 만들어 낸 계급구조 안에서 살아가고 있다는 점이다. 과연 분명한지는 의문이지만 말이다.

지배계급은 자신들이 더 많은 재화를 소유하는 데 유리한 방향으로 온갖 종류의 제도를 만들어 낸다. 복잡한 노동구조, 적절한 보상은 지배계급의 의도를 감추는 데 기여하며, 그리하여 피지배계급은 그들 앞에 있는 각종 제도를 따르는 것이 옳다고 생각하기에 이른다. 제도를 어기는 자가 나타나면 적절한 죄목을 뒤집어 씌워 감옥에 가두면 간단하게 해결된다. 종교 역시 인간이 만들어 낸 제도 중하나일 뿐이라고 할 수 있다. 사실 종교는 복잡한 노동구조나 적절한 보상보다 더 효과적으로 지배계급의 의도를 감추는 도구, 지배계급의 권력과 제도를 신비화하는 도구로 활용될 수 있다. 종교는 있지도 않은 신을 앞세워 권력과 제도에 복종하는 순한 양을 만들어 내는 것이다. 나폴레옹의 말대로, 피지배자의 입을 틀어막는 데 종교만 한 것이 없다. 지배계급이 종교를 도구로 삼아 정치를 한다면, 종교는 지배계급에 기생하여 피지배계급의 피를 빨아먹는 기생충이다. 요컨대, 우리 피지배자가 가지고 있는 생각은 지배계급이 제도를 통해 날조해 놓은 '의관념'에 지나지 않는다. 대략 이런 식이다. 자, 이제 어떻게 해야 하는가? 마르크스가 생각하기에, 의관념을 파괴하기 위해서는 종교와 정치제도로 대표되는 일체의 제도를 파괴하면 된다. 제도의 전복과 지배계급의 숙청을 위한 혁명이 요청되는 것이다.

제도로부터 아무런 영향을 받지 않은 상태가 있을 수 있는지, 몸이 아니라 마음으로라도 제도를 벗어날 수 있는지, 마르크스의 그 반짝이는 통찰은 어디서 배운 것인지, 프랑스혁명의 성공으로 권력을 쥐게 된 사람들, 마르크스의 용어로 피지배계급의 통치로 말미암아 프랑스 국민은 더 행복해졌는지, 혹세무민하여 정권을 틀어쥔 히틀러로 말미암아 온 인류가 더 행복해졌는지, 공산주의 국가의 실상은 어떠한지 등등을 생각해 보면, 마르크스의 주장은 극단적으로 비현실적인 뜬구름이거나 어마어마한 파괴력을 가진 핵폭탄이거나 둘 중 하나다. 그렇기는 해도, 마르크스의 주장에서 훌륭한 점을 꼽자면, 그가 현대 자본주의 사회의 병폐를 선명하게, 극단적으로 폭로하고 있다는 것을 들 수 있다. 자기 이익을 추구하기 위해, 권력을 손에 쥐기 위해 혈안이 되어 있는 현대인의 모습을 상상해 보면 마르크스의 말에서 조금의 의미라도 찾을 수 있지 않은가?

이제 관념학 분야에서 반드시 언급해야 하는 또 한 명의 대가, 이 책의 주된 관심사인 니체가 남았다. 이 기괴하고 매력적인 사상가에 대해서는 이 책 전체에 걸쳐 상세하게 고찰하도록 하겠다. 이 장에서는 니체에 대한 바르트의 언급을 단서로 하여, 니체의 관념학에 다가가기 위한 잠정적 그림을 그려 보겠다.

니체의 관념학을 이해하는 데 있어서 바르트가 우리에게 가르쳐 준 단서는 크게 두 가지다. 첫 번째 단서는 사회와 인간의 마음에 대한 엘베시우스의 분석이 나타내는 심리학적 측면, 즉 인간은 누구든지 자신의 '행복'을 실현하기 위해 권력을 잡고자 한다는 주장에 니체가 공감했다는 것이다. 두 번째 단서는 니체가 마르크스와 더불어 관념학을 대표하는 학자라는 것이다.

우선, 첫 번째 단서와 관련하여 앞에서 인용한 바와 같이 니체는 엘베시우스의 말을 거의 그대로 받아들여 '이 세상은 권력을 향한 의지로 가득 차 있다. 그것 이외에 아무것도 없다.'(WM 1067)는 취지의 발언을 한 바 있다. 니체의 이 말이 가지는 실제적 함의는 무엇인가? 이 세상 사람들이 모두 그러하니 뒤처지지 않으려면 우리도 권력을 향해 돌진해야 한다는 뜻인가? 니체의 글에 의거하여 별도의 논의가 필요하지만, 결론은 그렇지 않다고 보아야 한다. 엘베시우스의 경우는 어떤지 모르겠지만, 그 말을 통해 니체가 전달하고자 한 것은 대부분의 사람들이 권력을 향해 돌진하고 있다고 말해도 좋을 정도로 이 세상이 타락했다는 탄식이다. 니체가 보기에 이 아비규환의 상태에서 벗어나기 위해서는 무엇보다도 권력을 향해 있는 의지를 진리 쪽으로 향하도록 해야 한다. 다시 말해 그의 궁극적인 관심사는 '권력을 향한 의지will to power'를 '진리를 향한 의지will to truth'로 바꾸는 데 있었다.

한편, 그 일을 완성하기 위해서는 '초인超人'과 '영겁회귀永劫回歸'를 받아들이지 않으면 안 된다. 초인과 영겁회귀에 대해 필자는 이 책의 마지막 장('원숭이와 인간 사이')에서 자세하게 논의하였다. 여기서는 '초인'이라는 용어에 대해서만 언급하겠다. '초인'은 독일어 'Übermensch'의 우리말 번역어다. 최근 들어 영어권의 니체 연구가들은 독일어 '위버멘쉬'를 'superman'으로 번역하기보다는 'overman'으로 번역한다. 그들이 보기에 '슈퍼맨'은 우리의 현실 바깥에서 주어지는 존재라는 의미를 가지고 있다. 아마도 이런 느낌은 어느 미국 영화의 주인공에 의해 더욱 강화되었다고 볼 수 있을 것이다. 한편, 우리나라의 니체 연구자들 사이에서도 그 용어의 우리말 번역어로 지금까지 사용되던 '초인'을 포기하고 '위버멘쉬'로 표기하자는 주장이 제기되고 있다. 그러나 '위버멘쉬'라는 어색한 표현보다는 '초인'을 그대로 사용해도 괜찮지 않을까 하는 생각이 든다. '슈퍼맨'이라는 용어가 어느 황당무계한 미국영화의 주인공을 연상시키는 것과는 달리, 우리말의 '초인'은 이육사李陸史의 시 〈광야〉에 등장하는 '초인'이나 〈청포도〉에 등장하는 '손님'을 연상시킨다.

두 번째 단서는 마르크스와 니체의 사상의 차이를 어떻게 규정할 것인가 하는 문제를 제기한다. 두 사람의 차이는 단지 관심의 차이, 다시 말해 한 사람은 엘베시우스 이론의 사회학적 측면에, 또 한 사람은 그것의 심리학적 측면에 관심을 두었다는 점에 있을 뿐 그 이상의 차이는 없다고 보아야 할까? 만약 그렇다면, 니체가 말하는 '초인'은 히틀러의 등장과 함께 역사적 사실로 확인된 혁명의 우두머리에 지나지 않는다. 그러나 필자가 생각하기에, 마르크스와 니체의 사상 사이에는 근본적인 차이가 있다. 즉, 현실의 종교와 정치 제도에 비판적 입장을 견지했다는 점에서는 두 사람이 다르지 않을지 모르지만, 그것을 비판하는 방법, 또는 이념을 실현하는 방법에 있어서 니체는 마르크스와 전혀 다른 입장을 견지했다고 말할 수 있다. 마르크스와 현실에 대한 문제의식을 공유하면서도 그와 전혀 다른 해결책을 내놓기 위해서는 오직 하나, 마르크스처럼 현실에서 벗어나 안전한 장소에 앉아 현실에 불을 지르는 것이 아니라, 폭약을 등에 지고 현실 안으로 뛰어드는 방법, 우리 모두가 지금 가지고 있는 이런저런 관념에 대해 끊임없이 질문을 제기하는 방법밖에 없다. 니체는 이 길을 택하였다. 앞에서 필자가 마르크스와 니체의 관념학을 각각 제도파괴의 방법, 자아파괴의 방법이라고 부른 것은 이런 이유에서다.

자아파괴의 방법으로 요약되는 니체의 관념학은 그의 또 다른 유명한 말, '신은 죽었다.'로 번역되고 있는 'Got ist tot.', 또는 영어로 'God is dead.'를 새롭게 해석하는 길을 제공한다. 신이 인간이 아닌 이상, '신은 죽었다.'는 말은 그 자체가 어불성설語不成說이며, 신과 인간의 존재론적 차이를 조금이라도 인정한다면, 그것은 '신이 죽었으니 앞으로 신을 믿지 않아도 좋다.'는 말을 함의하지 않는다. 'Got ist tot.'라는 니체의 이 말은 그의 저서 여기저기에 등장한다. 예를 들어, 『즐거운 학문』(FW)의 108, 125, 343, 그리고 『차라투스트라는 이렇게 말했다』(Z)의 프롤로그, 제2부 등에 나온다.

이 책의 세 번째 장에서 상세하게 고찰하겠지만, 무엇보다도, 신은 초자연적 개념으로서, 우주만물과 그 존재론적 지위에 있어서 같지 않다. 신을 우주만물과 동등한 지위에 속하는 것으로 간주하는 것은 양자가 전혀 다른 범주에 속한다는 것을 인정하지 않는 오류, 한마디로 '범주오류category mistake'다. 이홍우 교수는 「메타프락시스 서설」(2009)이라는 제목의 글에서 다음과 같이 말한다. "신의 경우에 우리가 저지를 수 있는 범주오류는 신도 꽃(천하만물)과 동일한 형태로 있어야 한다고 생각하는 것이다. …… '초자연적 개념'의 성격에 비추어 보면, 이 범주오류는 두 가지 상이한 방식으로 표현된다. …… 하나는, 신은 꽃과 동일한 형태로 존재하지 않기 때문에 존재하지 않는다고 생각하는 것이요, 또 하나는, 신은 존재하되, '인간의 형상으로' 존재한다고 생각하는 것이다. 어느 경우에나, 신은 그것을 있게 만드는 실천적 노력에 의하여 있게 된다는 '초자연적 개념'의 특이성이 올바르게 존중되지 않는다."

신은 저기 바깥에 꽃처럼 경험적 실체로 존재하는 것이 아니라 우리 마음 안에 소극적 기준으로 존재한다. 소극적 기준으로서의 신은 죽을 수도 죽일 수도 없다. 죽이려고 하면 할수록 더 살아난다고 말하는 편이 옳을 것이다. 그리하여 니체가 죽었다고 말하는 신은 기업화되어 있는 현실의 예배당, 정치에 기생하는 현실의 예배당 안에 우상으로 모셔져 있는 신이다. 이제 누군가가 니체에게 다음과 같이 반문한다고 하자. 당신은 저기 하늘 높이 치솟은 수많은 예배당의 첨탑이 보이지 않는가? 그 안에서 신의 뜻에 맞게 살라고 고

함치는 신의 사도가 보이지 않는가? 내로라하는 정치가들이 머리를 조아리며 쩔쩔매는 종교계의 막강한 위세가 보이지 않는가? 이 모든 것들을 보고도 '신은 죽었다.'고 말하겠는가? 여기에 대해 니체는 어떤 대답을 내놓을까? 아마도 그는 '그래도 신은 죽었다.'고 말하는 대신 '그래서 신이 죽었다.'고 대답할 것이다.

마지막으로, 니체의 관념학이 삶과 교육에 시사하는 바를 예수의 제자인 베드로와 관련지어 언급하는 것으로 이 장을 마무리하고자 한다. 바흐 J. S. Bach는 성서를 주제로 평생 다섯 편의 수난곡을 쓴 것으로 알려져 있으나, 현재까지 온전한 형태로 전해 내려오는 것은 마태복음 26장, 27장을 주요 소재로 한 마태수난곡, 그리고 요한복음을 주제로 한 요한수난곡이며, 이 두 곡 중에서 특히 널리 알려져 있는 것은 마태수난곡이다. 마태수난곡은 (분류 방식에 따라 약간 다르기는 하지만) 68개의 아리아와 합창으로 구성되어 있으며, 그중에서 〈저를 불쌍히 여기소서Erbarme dich〉라는 제목의 39번 알토 아리아는 가장 유명하고 아름다운 곡 중 하나로 알려져 있다. 이 아리아는 예수의 예언대로 닭이 울기 전에 세 번 배신을 한 후에 베드로가 슬피 우는 장면을 배경으로 하여 만들어진 곡이다. 예수가 "오늘 밤 닭이 울기 전에 너는 세 번이나 나를 모른다고 할 것이다."라고 말하자 베드로는 "스승님과 함께 죽는 한이 있더라도, 저는 스승님을 모른다고 하지 않겠습니다."라고 맹세한 바 있다. 그렇지만 예수가 잡혀 심문을 받고 자칫 자신도 죽임을 당할 위기에 처하자, 자신은 예수를 알지 못한다고 세 번 말한다. "그러자 곧 닭이 울었다. 베드로는 '닭이 울기 전에 너는 세 번이나 나를 모른다고 할 것이다.' 하신 예수님의 말씀이 생각나서, 밖으로 나가 슬피 울었다"(마태복음, 26:75).

> Erbarme dich, mein Gott,
> Um meiner Zähren Willen!
> Schaue hier, Herz und Auge
> Weint vor dir bitterlich.
> Erbarme dich, erbarme dich!

> 신이시여, 제 눈물을 보시고,
> 저를 불쌍히 여기소서!
> 여기 당신 앞에서 비탄에 잠겨 있는
> 이 가슴과 두 눈을 보소서.
> 저를 불쌍히 여기소서, 제게 자비를 베푸소서!

삶의 많은 순간에, 살기 위해 차마 하지 못할 짓도 마다 않는다는 점에서 우리는 베드로의 처지와 조금도 다르지 않다. 우리와 베드로 사이에 차이가 있다면, 베드로는 자신이 지은 죄를 눈물로 참회하는 데 반해, 우리는 그 죄를 망각하거나 심지어 당연한 것으로 여긴다는 데서 찾을 수 있다. 돈과 권력 위에서 뒹굴고 있는 우리를 베드로로 바꾸는 것, 니체가 보기에 이것이 종교가 수행해야 할 본연의 과업이다. 그리고 정치, 종교와 더불어 인간을 올바른 방향으로 이끄는 실제적 활동으로서 교육이 수행해야 할 본연의 과업 또

한, 도덕과 인식의 면에서 자신의 부족함을 아는 베드로형 인간을 기르는 데 있다.

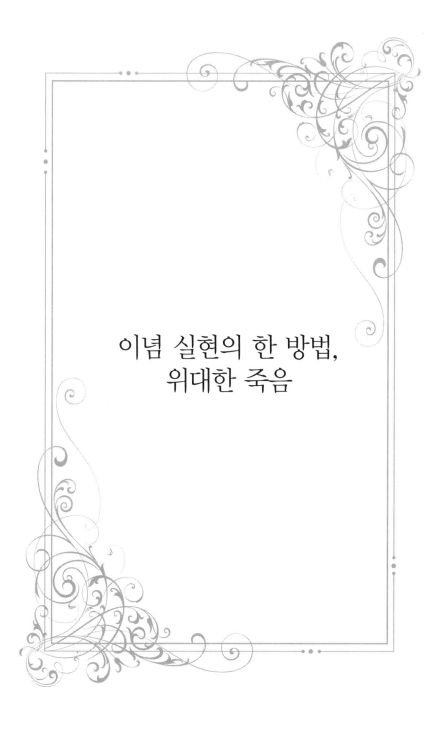

이념 실현의 한 방법,
위대한 죽음

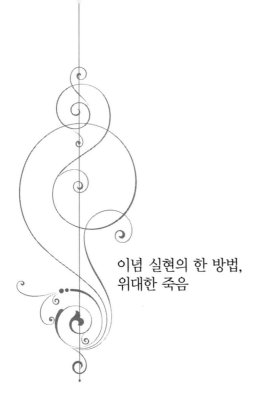

이념 실현의 한 방법,
위대한 죽음

이념 실현의 한 방법, 위대한 죽음

논지論旨를 구체화하는 데 필요한 말을 필요한 만큼 하는 것, 다시 말하여 논지의 핵심에 가까운 말은 많이 하고 논지의 장식에 해당하는 말은 조금 하는 것, 이것을 글쓰기의 절용節用이라고 하자. 앞 말이 지시하는 바를 말하는 것, 다시 말하여 앞 말을 읽은 예민한 독자가 예상하는 그 말을 뒤이어 하는 것, 이것을 글쓰기의 도덕道德이라고 하자. 우리는 누구든지 글쓰기의 절용, 글쓰기의 도덕을 준수하기 위해 노력한다. 그리고 공부하는 사람이라면 대체로 자신이 쓴 글을 읽으며, 자신이 글쓰기의 절용, 글쓰기의 도덕에서 얼마나 어긋나는 행동을 했는지 부끄러워하며 살아간다. 그러나 거의 상상하기조차 어려운 경우로서, 누가 보더라도 자신의 그런 행동을 부끄러워할 만한 능력을 넘치도록 가지고 있는데도 노골적으로 글쓰기의 절용, 글쓰기의 도덕을 어기는 사람이 있다. 그 사람의 글을 읽으면 읽을수록 앞서 파악한 논지마저 흔들리고 머리는 더욱더 혼란스러워지지만, 흔들리고 혼란스러워지는 그만큼 특별한 매력을 느끼게 되는 그런 사람이 있다. 그의 글보다는 그의 사고에, 그의 사고보다는 차라리 독자 자신의 사고에 주목하게 만드는 사람이 있다. 이 책의 주인공인 니체가 바로 그런 사람이다.

난해하고 기괴하면서도 매력적인 니체의 글은 각양각색의 해석을 불러일으켰다. 되지도 않는 말을 늘어놓는 정신병자라고 폄하하는 사람이 있는가 하면, 위대한 시인이자 문학가 중 한 명이라고 칭송하는 사람도 있고, 히틀러와 나치즘을 합리화하는 이론적 무기를 제공한 반민주주의자라고 비난하는 사람이 있는가 하면, 제국주의와 자본지상주의 등 현대사회의 모순과 병폐를 적절하게 비판했다고 평가하는 사람도 있다. 이 많은 해석에 대해 저세상의 니체는 마치 예상이라도 했다는 듯 빙그레 웃고 있을지 모르겠다.

다양한 관점을 담은 철학을 찬양했던 사람, 니체는 자신의 사상을 파악하고자 하는 학자들이 자신에게 다양한 관점을 적용하기를 바랐던 것처럼 보인다. 그는 자신의 진짜 얼굴을 수많은 가면 뒤에 숨겨 놓았으며, 그것을 벗기는 순간 자신도 사라지도록 장치해 놓았다. 그가 세워 놓은 모든 논지는 자신의 저작에 등장하는 또 다른 논지에 의해 부정될 수 있다. 그렇다면 종합은 과연 어디에서 이루어지며, '온전한' 니체란 과연 존재하는 것일까? 작품의 일관성과 저자의 일관성이 의문시되는 상황인 만큼 일관성을 추구하는 해석은 여지없이 문제를 드러낸다(B 137).

이 책에서 필자는 니체를 새롭게 읽기 위한 한 가지 해석을 제시하고자 한다. 즉, 니체의 사상은 관념학의 관점에서 재조명될 수 있으며, 이 관점에서 볼 때 니체는 이념 실현을 위한 특별한 방법을 제시한 사람으로 파악될 수 있다. 이하에서 구체적으로 논의될 바와 같이, 니체의 사상을 관념학의 관점에서 파악하는 일은 그가 소크라테스와 예수에 대해 어떤 입장을 가지고 있었는지를 파악하는 일에서 시작되지 않으면 안 된다.

소크라테스, 비극의 화신

니체의 학문적 이력이 문헌학, 그중에서도 특히 희랍의 문학작품 연구에서 시작된다는 것은 주지의 사실이다. 그는, 서양 문명의 세례를 받은 모든 지성인이 그러하듯이, 희랍에서 이상적 인간, 이상적 삶의 모습을 보았다. 그중에서도 특히 그를 매료시킨 것은 진리의 추구에 기꺼이 목숨을 바친 소크라테스였다. 그가 보기에 현재 우리의 삶이 올바른 모습을 갖추기 위해서는 희랍인의 삶에 덧씌워져 있는 기독교적 색채를 걷어 내야 하며, 그 일은 곧 소크라테스를 되살려 내는 일과 다르지 않았다. 그에게 있어서 소크라테스는 자본주의 시대를 살아가는 우리의 현실, '권력을 향한 의지'로 가득한 현실, 돈을 향한 탐욕과 권력을 향한 야욕으로 가득한 현실, 가장 순수해야 할 학문과 종교마저 권력을 향한 의지의 앞잡이가 되어 있는 지금 우리의 현실이 갈구하는 이상적 인간형이었으며, 자신이 닮고 싶던, 그 자신이었다.

소크라테스에 대한 니체의 찬양은 그의 처녀작인 『비극의 탄생』 (GT)에 가장 잘 나타나 있다. 사실 소크라테스에 대한 니체의 입장과 관련하여 이 책의 논지를 어떻게 파악하느냐 하는 것은 니체 사상 전체를 이해하는 데 핵심적인 위치를 차지한다(K 391). 이 말은 아무리 강조해도 지나치지 않다. 이 책에서 니체는 희랍 비극작품의 탄생 과정을 고찰하고 있다. 그에 의하면, 희랍의 비극작품은 호메로스Homeros, 아르킬로코스Arkilokos 등과 같은 선대 시인들의 작품, 그중에서도 특히 그들의 작품에 등장하는 비극 코러스에 기원을 두고 있으며(GT 7), 오늘날 우리에게 희랍의 3대 비극 작가로 알려진 아이스퀼로스Aiskylos, 소포클레스Sophokles, 에우리피데스Euripides에 이르러 찬란한 꽃을 피웠다. 대체로 희랍의 비극은 인간이면 누구든지 운명으로 받아들일 수밖에 없는 현실적 제약에 굴하지 않고 이념을 실현하기 위해 그것에 끝까지 맞서다가 장렬하게 죽음을 맞이하는 내용을 담고 있다. 이 점에 관한 한 아이스퀼로스, 소포클레스, 에우리피데스의 작품이 크게 다르지 않다. 필자가 생각하기에 희랍의 비극과 오늘날 우리에게 널리 알려진 셰익스피어의 4대 비극(『햄릿』 『오셀로』 『리어왕』 『맥베스』) 사이에는 상당한 차이가 있는 것으로 보인다. 대체로 희랍의 비극에서 '이념'은 셰익스피어의 4대 비극에서 '연인에 대한 사랑'이나 '권력'으로 대치되어 있는 듯하다.

지금 시점에서 생각해 보면, 극장이야말로 기원전 5, 6세기 당시 희랍의 교육기관, 오늘날 우리의 학교에 해당하는 장소였다. 그곳 무대에 오르는 비극작품을 관람하면서 사람들은 나이와 지위 고하를 막론하고 각자의 처지에서 경험하는 삶의 무게―몸을 가진 인간으로서 생존을 위해, 자신과 가족의 의식주를 충족시키기 위해, 때로는 남보다 더 많이 가지기 위해 안간힘을 쓰는 자신의 처지를 되돌아보는 기회를 가졌을 것이다. 나아가 그곳에서 그들은 비극작품 속에서 이념 실현을 위해 목숨을 거는 주인공이야말로 진짜 인간이며, 저 주인공이 이념을 실현하기 위해 안간힘을 쓰는 이상적 모습을 어떻게든 각자의 삶의 많은 순간에 구현해야 한다고 다짐했을 것이다. 계몽주의의 외침이 여전히 살아 숨 쉬는 시대를 살았던 고문헌학자 니체가 희랍의 극장과 비극작품이 가지는 놀라운 교육적 기능에 주목한 것은 지극히 당연한 일이라고 보아야 할 것이다.

『비극의 탄생』에서 니체는 희랍의 3대 비극작가로 알려져 있는 아이스퀼로스, 소포클레스, 에우리피데스의 작품을 상세하게 고찰하고 있다. 그의 분석에서 독자의 눈길을 끄는 특별한 사실이 있다. 그가 아이스퀼로스와 소포클레스에 대해서는 최고의 비극작가라는 찬사를 보내는 반면에, 에우리피데스에 대해서는 희랍의 비극을 몰락시킨 장본인이라는 비난을 퍼붓고 있다는 사실이 바로 그것이다. 니체가 그 세 비극작가를 찬양하거나 비난하는 준거로 삼고 있는 것은 그들 작품세계에 나타난 아폴론적 요소와 디오뉘소스적 요소의 관계다. 니체는 말한다.

아폴론과 디오뉘소스, 희랍 예술의 두 신을 통해 우리는, 희랍 세계에서, 예술 작품의 기원과 목적에 있어서, 조각으로 대표되는 아폴론적 예술과 음악으로 대표되는 비조형적이고 디오뉘소스적인 예술 사이에 엄청난 대립이 있었다는 것을 알게 된다. 이 두 가지 서로 다른 경향성은 평행을 이루고 치달리며, 많은 부분에서 노골적으로 대립각을 세운다. 양자는 새로운 것을 더욱 강력하게 산출하도록 끊임없이 서로를 자극하며, 그로 말미암아 '예술'이라는 공통된 이름 아래에서만 표면적으로 화해할 뿐 대립 관계는 끝없이 계속된다. 그러다가 마침내 희랍인이 가졌던 '의지'로부터 형이상학적 기적이 일어난다. 이 시기에 그들은 서로의 짝이 되어 등장하며, 결혼을 통해 디오뉘소스적이면서 동시에 아폴론적인 면모를 갖춘 예술을 출산한다. 아티케*attike*의 비극작품이 바로 그것이다(GT 1).

니체의 이 말에서 '아티케'는 아테나이와 그 주변 지역을 통칭하는 이름이다. 따라서 '아티케의 비극작품'은 '희랍의 비극작품'이라고 말해도 틀리지 않다. 다시, 니체는 말한다.

이 근원적이고 강력한 힘을 가진 디오뉘소스적 요소를 비극으로부터 분리하는 것, 그리하여 반反디오뉘소스적 예술과 도덕과 세계관의 기초 위에 비극을 새롭게 구축하는 것, 이것이 바로 백일하에 그 정체를 드러낸 에우리피데스의 작품 경향이다(GT 12).

위의 첫 번째 인용문에서 아폴론과 디오뉘소스가 결혼을 하여 낳은 비극작품, 아폴론과 디오뉘소스의 피를 모두 물려받은 비극작품은 아이스퀼로스와 소포클레스의 그것이다. 니체가 보기에 이 두 작가의 작품에는 아폴론적 요소와 디오뉘소스적 요소가 불가분리의 관계로 뒤섞여 있다. 반면, 에우리피데스는 앞의 두 번째 인용문이 시사하는 바와 같이 아폴론적 요소와 디오뉘소스적 요소를 분리하여 후자의 요소를 비극작품에서 추방하였다.

비극작품에 들어 있는 아폴론적 요소와 디오뉘소스적 요소가 각각 무엇을 가리키는가 하는 문제는 그 두 개념이 다양한 맥락에서 서로 다르게 사용되고 있기 때문에 단정적으로 말하기가 곤란하다. 현재의 논의에 도움이 되는 범위 내에서 그 두 요소를 규정하자면, 아폴론적 요소는 비극작품에 등장하는 주인공이 목숨을 걸고 실현하고자 하는 삶의 이념(지혜, 용기, 정의, 절제 등등), 그가 꿈꾸는 세계, 또는 그 이념이나 세계를 실현하고자 하는 의지를 가리키며, 디오뉘소스적 요소는 주인공이 몸담고 있는 현실의 세계, 그 세계가 요구하는 것, 그것을 실현하려는 의지를 가리킨다. 니체가 보기에, 아이스퀼로스와 소포클레스가 그려 내는 주인공은 삶의 현실이 가져다주는 제약 속에서도 거기에 안주하지 않고 마음에 품은 이념을 향해 끊임없이 눈길을 돌리는 인간, 현실과 이념 사이의 간극을 뼈저리게 느끼며 사는 인간이다. 이 인간이 비극의 주인공인 이유는, 그가 몸담고 있는 현실이 비참해서라기보다는 실현하기에 불가능한 이념을 마음에 품고 있기 때문이며, 인간인 이상 그 이념을 포기할 수 없기 때문이다. 니체가 보기에 아이스퀼로스나 소포클레스와는 달리 에우리피데스는 이 점을 보여 주지 못했다.

에우리피데스의 작품에서 니체는 현실과 이념 사이에 괴리가 발생할 때 뒤따라오는 재앙의 싹을 보았다. 이념과 아무런 상관이 없는 현실이라는 것이 있다면, 우리는 남보다 더 높은 자리에 올라 남보다 더 많이 갖기 위해 양심을 파는 우리 자신을 부끄러워할 필요가 없다. 오히려 당당하게 우리 각자가 바라는 바를 채우기 위해 애써야 한다. 그것이 인간으로서 우리가 누릴 수 있는 행복이다. 이제 그 상황에서 누군가가 진리와 정의를 삶의 이념으로 내세우며 이런저런 말을 한다면, 그의 말은 우리의 삶과는 아무런 상관이 없는, 그냥 듣기에 좋은 헛소리에 불과하다. 만약 에우리피데스가 자신의 비극작품에서 아폴론적 요소만 남기고 디오뉘소스적 요소를 완전하게 제거하는 데 성공을 거두었다면, 그것은 더 이상 비극작품이 아니며, 차라리 도덕군자의 따분하기 짝이 없는 훈계 모음집이거나 다른 사람을 무시하고 잘난 척하기까지 하는 사회부적응자의 재담 모음집에 불과하다. 만약 에우리피데스가 자신의 비극작품에서 디오뉘소스적 요소를 완전하게 제거하는 데 성공을 거두었다면, 적어도 한 가지 분명한 사실은, 아이스퀼로스와 소포클레스의 작품이 가졌던 교육적 효과를 그의 작품에서 더 이상 기대하기 어렵다. 『비극의 탄생』에서 니체는 이 대목에서 소크라테스를 등장시키고 있다.

> 디오뉘소스는 에우리피데스를 빌려 말하는 마신魔神의 힘에 의해 비극의 무대에서 이미 쫓겨나 있었다. 에우리피데스도 어떤 의미에서는 가면에 불과했다. 그를 빌어 말했던 마신은 디오뉘소스도 아니고 아폴론도 아니었다. 그것은 완전히 새롭게 태어난 마신, 바로 소크라테스였다. 디오뉘소스적인 것과 소크라테스적인 것, 이것은 전혀 새로운 대립이었으며, 희랍 예술의 백미인 비극은 이 지점에서 난파하였다(GT 12).

에우리피데스는 비극의 무대에서 디오뉘소스를 쫓아낸 후 오직 소크라테스만을 무대 위에 세워 놓았다. 사실상, 디오뉘소스와 결별한 무대 위의 소크라테스는 아리스토파네스Aristophanes가 어느 희곡에서 묘사한, 구름을 타고 다니며 온갖 헛소리를 지껄이는 몽상가에 불과하다. 그러나 니체가 보기에, 에우리피데스는 비극의 무대에서 디오뉘소스를 추방했다는 점에서도 잘못을 범하고 있지만, 그 이상으로 아리스토파네스를 비롯한 당대의 여러 지성인들과 마찬가지로 소크라테스를 사실과 전혀 다르게 묘사하고 있다는 점에서도 씻을 수 없는 잘못을 저질렀다. 그가 보기에, 아폴론이 디오뉘소스와 결합할 때 완벽한 형태의 비극작품이 되듯이, 소크라테스가 제대로 이해되기 위해서는 아폴론적인 것으로만 알려져 있는 그의 모습에 디오뉘소스적 요소를 가미하지 않으면 안 된다. 이것은 없던 요소를 억지로 보태는 일이 아니라, 에우리피데스나 아리스토파네스, 나아가 플라톤이 그의 후기 대화편에서 과하게 덧칠해 놓은 물감을 다소간 걷어 냄으로써 본래의 모습을 드러내는 일이다.

니체는 아폴론과 디오뉘소스, 또는 이념과 현실이 혼융되어 있는 작품일수록 훌륭한 비극작품이라고 생각하였다. 그가 보기에, 비극작품은 목숨을 걸고 현실의 제약을 뛰어넘어 이념을 향해 도약하는 인간다운 인간, 인간 이상의 인간을 그려 보여야 한다. 그런 인간의 모습에서 우리는 우리 각자의 삶을 되돌아보는 기회를 가진다. 비극작품의 이러한 성격과 그것이 갖는 교육적 기능에 주목하는 사람이라면, 니체가 아니라 누구라도 당장 소크라테스를 떠올릴 수 있을 것이다. 소크라테스야말로 니체가 바라는 비극의 주인공이 아닌가?

소크라테스야말로 비극작품에나 등장하는 가공의 주인공이 현실의 세계에 나타난 비극의 진짜 주인공이 아닌가? 소크라테스의 삶 자체가 바로 비극작품이 아닌가?

니체는 플라톤의 색채가 강하게 배어 있지 않은 초기 대화편에 등장하는 소크라테스, 그중에서도 특히 『변론*Apologia*』이나 『크리톤 *Kriton*』이나 『향연*Symphosion*』에 등장하는 소크라테스, 목숨을 걸고 자신의 과업을 수행하는 그의 모습에 매료되었다. 『변론』에 의하면, 당시 아테나이 사람들이 소크라테스를 법정에 세운 죄목은 크게 두 가지다. 청년들을 타락시킨 죄 그리고 아테나이 사람들이 다 믿는 신을 믿지 않는 죄가 그것이다. 사실상 이 두 가지 죄목은 소크라테스가 보여 준 한 가지 행적의 상이한 표현이라고 볼 수 있다. 평생토록 소크라테스는 현실에 안주하는 인간, 허영심으로 가득 찬 아테나이 사람들을 부족한 줄 아는 인간, 부끄러워할 줄 아는 인간으로 바꾸는 '등에虻'의 역할을 자임하였다. 그 일을 위해 그는 아무것도 모르는 자로 세상에 나타나 안다고 자처하는 모든 사람들에게, 안다고 내놓을 만한 것이 아무것도 없다는 것을 스스로 느낄 때까지 끊임없이 질문을 제기하였다. 그가 대화의 상대방에게 쏟아붓는 질문은, 그 질문을 받는 사람의 입장에서 보면 차라리 고문이라고 말하는 편이 옳을 것이다. 그가 한 이 일은 그에게서 무자비한 고문을 받은 사람들이 살인 충동을 느낄 정도로 큰 불편을 안겨 주었다. 놀랍게도 그는 법정에서조차 자신의 그런 습성을 버리지 못하고 배심원 겸 재판관과 그곳에 참여한 사람들 전체의 심기를 대놓고 건드리고 있다. 그의 변론은 죽음을 자초하는 변론이었으며, 이 점에서 그의 죽음은 타살이 아니라 차라리 자살이었다고 말해도 틀린 표현은 아닐 것이다.

혈기왕성한 여러 청년들이 소크라테스의 이런 모습을 흠모하고 추종하였다. 그 당시 어른들의 눈으로 보면, 이대로 방치했다가는 머지않아 감당할 수 없을 정도로 많은 '등에'가 등장하여 모두를 귀찮게 하고 급기야 사회의 근간마저 흔들리는 위기에 봉착하게 될지도 모를 일이었다. 어른들의 편에서 볼 때, 이것은 사회의 안전을 위협하는 위험한 도전이었던 것이다. 그러나 소크라테스는 그 일을 신의 명령으로 받아들였으며, 그 일이야말로 신의 명령을 실천하는 가장 종교적인 행위라고 생각하였다. 소크라테스가 보기에, 정신적인 면에서 살찌고 게으른 아테나이 시민을 괴롭히는 등에야말로 신의 진정한 사도였다.

청년들을 등에로 만들려고 했다는 점에서 그에게 '청년들을 타락시킨 죄'를 뒤집어씌운 것은 그렇다 하더라도, 신의 사도를 자처한 소크라테스에게 '사람들이 믿는 신을 믿지 않는 죄'를 지었다고 말하는 것은 납득하기 어려울 수 있다. 아테나이 사람들과 소크라테스가 모두 신을 믿었지만, 그들이 믿는 신의 소재지가 달랐다. 사람들은 신을 저기 바깥에 모셔 놓고 축제일과 같은 특별한 날에 그 앞에서 머리를 조아린다. 그러나 소크라테스가 보기에 신은 저기 바깥에 있는 것이 아니라 우리 각자의 마음 한가운데 거주하고 있었다. 이 점에서 아테나이 사람들과 소크라테스가 믿었던 신은 각각 '우상으로서의 신'과 '신성神性'이라고 부를 수 있다.

소크라테스가 사람들에게 한 것은 저기 바깥에 있는 신을 마음

안으로 되돌리는 일, 더 정확하게 말하면 각자의 마음에 있는 '신성'에 생명을 부여함으로써 인간 본성의 소리, 양심의 소리에 귀 기울이도록 하는 일이었다. 필자가 생각하기에, 소크라테스가 생명을 불어넣고자 했던 '신성'은 맹자가 말한 '사단四端', 또는 그것의 한 가지 측면으로서의 '수오지심羞惡之心'(의롭지 못함을 부끄러워하고 착하지 못함을 미워하는 마음)과 다르지 않은 것으로 보인다.

희랍의 비극작품에 대한 니체의 분석에 비추어 보면, 그것은 저기 멀리 떨어져 있는 아폴론을 디오뉘소스와 결합하는 일, 이념을 현실의 모든 순간에 붙들어 매는 일이었다. 소크라테스는 평생토록 죽음 앞에서도 당당하게 그 과업을 수행하였다. 니체는 그런 소크라테스를 찬양하였으며, 그런 소크라테스를 닮고자 하였다.

마침내 소크라테스가 희랍 아테나이의 법정에 세워졌을 때, 그에게 언도될 수 있었던 형벌은 오직 한 가지뿐, 추방이 그것이었다. 도무지 정체를 알 수 없고, 이름을 붙일 수도 없고, 납득할 수도 없는 사람, 그가 아테나이를 떠나도록 요구받았더라면, 다음 세대의 사람 중에 아테나이 시민들이 수치스러운 짓을 했다고 당당하게 책망하는 사람은 없었을 것이다. 그러나 그에게 선고된 것은 추방이 아니라 사형이었다. 이것은 소크라테스 자신이 이끌어 낸 결과라고 보아야 할 것이다. 그때 그는 완전하게 깨어 있었으며, 인간이면 누구나 가지게 되어 있는 죽음에 대한 공포조차 느끼지 않았다. 그는 평온한 마음으로 죽음을 향해 걸어갔다. 플라톤의 기술에 따르면, 어젯밤 연회장에서 마지막까지 술잔을 기울였던 사람, 졸음에 겨운

술자리 친구들이 에로스의 진정한 벗인 소크라테스를 꿈꾸며 의자와 땅바닥에 쓰러져 있는 사이, 먼동이 틀 무렵 새로운 하루를 시작하기 위해 유유히 자리를 나서는 사람처럼, 그는 그렇게 평온한 마음으로 죽음을 향해 걸어갔다. 죽음을 맞이하는 소크라테스는 고귀한 아테나이 청년들에게 지금까지 한 번도 본적이 없는 새로운 이상이 되었다(GT 13).

죽음을 맞이하는 소크라테스—나는 소크라테스가 행했던 모든 행동과 말에, 그리고 그가 말하지 않았던 것에 담겨 있는 그의 용기와 지혜를 흠모한다. 사람들을 조롱하고 사람들이 반하게 되는 괴물, 사람을 홀리는 아테나이의 피리 부는 사나이, 가장 자신만만한 청년조차도 전율에 떨고 흐느껴 울게 만드는 사람, 그는 모든 시대를 통틀어 가장 지혜로운 수다쟁이였다. 그뿐이 아니었다. 그는 또한 침묵할 줄 아는 위대한 인물이었다(FW 340).

이 사유의 횃불을 손에 들고 소크라테스를 바라보자. 이제 소크라테스는 학문의 본능이 안내하는 바를 따라 살아갔을 뿐 아니라, 그보다 훨씬 중요한 사실로서, 그것이 요구하는 바를 따라 죽은 최초의 인물로 우리 앞에 등장한다. 따라서 죽음을 맞이하는 소크라테스의 모습, 지식과 이성의 힘으로 죽음에 대한 공포로부터 자유를 얻은 그의 모습은 학문 세계의 출입문 위에 걸려 있는 문장紋章으로서, 그곳을 드나드는 사람 모두에게, 존재하는 것을 이해 가능한 것으로, 나아가 받아들일 만한 근거를 가진 것으로 만드는 것이 학문의 사명임을 일깨우는 상징이다(GT 15).

니체는 소크라테스를 모델로 하여 소크라테스가 했던 그 일을 하고자 한다. 그가 보기에 디오뉘소스로부터 떨어져 나간 아폴론은 아무런 힘을 발휘하지 못하며, 아폴론과 떨어져 있는 디오뉘소스는 술에 취한 광인에 불과하다. 그와 마찬가지로, 신이 저기 바깥에 있는 한 인간의 삶은 욕망 충족의 각축장 바로 그곳이다. 니체가 보기에 소크라테스가 일깨우고자 했던 마음 안의 신성은 기독교가 급속하게 제도화되어 감에 따라 점차 잊혀졌다. 기독교가 제도화되어 갈수록 사람들은 예수의 가르침보다는 율법과 권위를 앞세우고 정치와 야합한다. 거기에 자본주의라는 시대적 분위기까지 더해지면 신을 앞세워 장사를 하는 기업인으로서의 종교인까지 등장하게 되어 있다. 니체는 그런 기독교도를 이미 보고 있었다.

예수, 비극의 부활

니체가 비참한 현실로부터 우리를 구제하기 위해 취했던 방식은 그와 더불어 대표적인 관념학자 중 한 사람인 마르크스의 그것과는 전혀 다르고, 자신이 본받고자 했던 소크라테스의 그것과도 약간 다르다. 마르크스와 니체는 사회와 인간의 마음에 관한 엘베시우스의 분석을 상이한 방향으로 발전시켰다. 마르크스에 의하면, 우리가 옳다고 믿는 이러저러한 생각은 지배계층이 자신들의 이익을 추구하기 위해 날조하여 주입해 놓은 '의관념義觀念'이며, 그것에서 벗어나는 것이야말로 진정한 인간 해방이다. 이 의관념의 원천지는 현실의 종교와 정치제도다. 따라서 진정한 인간 해방을 쟁취하기 위해서는, 마르크스에 의하면, 현실의 종교와 정치제도를 파괴해야 한다. 마르크스와는 달리 니체는 현실 바깥에서 그것을 파괴하는 대신에 현실 속으로 들어가서 비극의 주인공이 되어 자신을 파괴하였으며, 그렇게 함으로써 현실에 안주해 있는 사람의 평온한 마음을 뒤흔들고 있다.

사람들의 마음을 불편하게 만들고 있다는 점에서는 소크라테스와 니체가 다르지 않다. 다만, 니체는 소크라테스가 몸으로 했던 그 일을 글로 수행하고 있다. 그 일이야 플라톤이 이미 하지 않았는가 하고 반문하는 사람이 있을지 모른다. 그러나 플라톤의 대화편에서 우리가 보게 되는 것은 스승 소크라테스에 대한 플라톤의 헌신 그리고 그의 따뜻한 마음이 빚어내는 인류의 위대한 스승 소크라테스다. 위대한 소크라테스에게서, 그리고 그 뒤에 그림자로 서 있는 플라톤에게서 우리는 무한한 감동을 얻는다. 이와는 달리, 니체의 글에서 우리가 얻게 되는 것은 감동이 아니라 짜증에 더 가까운 불편함이다. 보통 사람들의 글과 비교할 때 니체의 글은 비유컨대 아름다운 시어詩語의 무더기, 그 무더기 전체가 무엇을 의미하는지 움켜쥐려고 하면 손에 남는 것이 거의 없는 하얀 모랫더미다. 그리하여 그의 글은, 앞에서 언급한 바와 같이, 그의 글보다는 그의 사고에, 그의 사고보다는 차라리 독자 자신의 사고에 주목하게 만든다.

카우프만에 의하면, "니체는 …… 체제-사상가가 아니라 문제-

사상가다"(K 82). 다시 말하여 그는 체제를 구축하는 사상가가 아니라 문제를 일으키는 사상가다. 그는 문장과 문장, 이미 한 말과 지금 하는 말이 서로 모순을 이루는 것은 아닌지에 대한 두려움을 떨쳐 버리고 끊임없이 새로운 '사고 실험'을 감행하고 있으며, 자신의 글을 읽는 독자에게도 바로 그 사고 실험을 하도록 요구하고 있다. 니체가 보기에 우리가 두려워해야 할 것은 언어 수준의 모순이 아니라 무지를 감추는 비겁함이었다.

체제-사상가로 분류할 만한 대표적인 학자로서 헤겔G. W. F. Hegel, 1770~1831을 들 수 있다. 알려진 바에 의하면, 헤겔은 절대정신이 이 세계에 모습을 드러내는 과정 또는 그 정신에 도달하는 과정을 역사적 측면과 인식론적 측면에서 고찰하였다. 니체의 입장에서 보면, 헤겔의 역사학과 인식론에 관한 일체의 논의는 기본 논지 또는 명제를 확립하는 데 기여하는 방향으로, 경우에 따라서는 합리화하는 방향으로 이루어진다. 그를 가리켜 체제를 구축하는 사상가라고 부를 수 있는 것은 이 점 때문이다. 니체는 모종의 사상 체제가 성립하기 위해 받아들여야 하는 기본 명제, 의문의 여지없이 옳은 그런 명제가 있다는 것을 인정할 수 없었다. 그가 보기에 모든 것을 의심해야 하며, 누군가가 의심하지 말라고 주장하는 명제일수록 더 의심하고 파괴해야 한다. 그렇게 하는 것이 바로 소크라테스가 몸으로 보여 주고자 했던 진리탐구의 방식이다. 끊임없이 의심함으로써 고정된 생각을 파괴해 가는 과정, 그것은 곧 신이 아닌 인간으로서, 인간답게 자기를 완성해 가는 과정이다.

니체는 소크라테스가 몸으로 했던 일을 글로 수행하고 있다. 그는 독자로 하여금 소크라테스를 숭배하게 만드는 글을 쓰고 있는 것이 아니라 소크라테스가 했던 바로 그 일을 하도록 하는 글을 쓰고 있다. 이 일이 어떻게 가능한가? 니체가 취했던 방법은 문장의 추상성을 최대한 높이기, 시에 가까운 아름다운 그러나 불친절한 문장 쓰기, 그리하여 사고의 수준에서 연결 짓기 위해 애쓰지 않으면 의미파악이 불가능한 문장 쓰기, 자기 것으로 만들기 위해 애쓴 그만큼 나름의 의미를 찾는 그런 문장 쓰기였다. 니체가 잠언 형식의 글쓰기를 선호했던 것도 이런 이유 때문이라고 볼 수 있다.

앞에서 언급한 바와 같이 니체는 에우리피데스나 아리스토파네스, 나아가 플라톤이 잘못 칠했거나 덧칠해 놓은 물감을 걷어 냄으로써 소크라테스의 본 모습을 드러내고자 하였다. 그러나 니체가 보기에 소크라테스의 본 모습을 드러내기 위해서는 그것만으로는 부족하다. 그 일이 더욱 완전한 성공을 거두기 위해서는 희랍인 소크라테스의 삶에 덧씌워져 있는 기독교적 색채마저 걷어 내야 한다. 니체가 보기에 이 일은 곧 제도화된 기독교로부터 예수를 살려 내는 일이었다.

니체의 마음속 한가운데에 소크라테스에 못지않게, 아니 어쩌면 그 이상의 비중으로 예수가 자리잡고 있었다는 것은 그의 가계家系—니체의 아버지는 목사였으며, 어머니 또한 이웃 동네 목사의 딸이었다—와 성장 과정에서의 경험을 언급하지 않더라도 『반기독교도』(A)를 포함하여 그의 저서 곳곳에서 확인할 수 있다. 비극 전문가인 니체가 '절대적 고난'으로 요약될 만한 예수의 삶에 관심을 기울인 것은 당연하다고 보아야 할 것이다. 니체가 자신의 자서전에 해당하는 책의 제목을 『에케 호모』(EH)로 삼았다는 사실은 예수에 대한 그의 애정이 얼마나 컸는지를 단적으로 보여 준다. '에케 호모'는 예수가 스스로 고난의 시간을 보내던 그때에 유대 지방의 로마 총독이었던 본시오 빌라도—로마식 본명은 폰티우스 필라투스 Pontius Pilatus—가 유대인들 앞에서 예수를 지칭하면서 한 말이다. 『에케 호모』의 본론은 크게 다음 네 개 장으로 구성되어 있다.

> 나는 왜 이렇게 현명한가?
> 나는 왜 이렇게 영리한가?
> 나는 왜 이렇게 좋은 책을 쓰는가?
> 나는 왜 운명을 사랑한 사람 중 하나인가?

가히 겸손함은 약에 쓰려고 해도 찾을 수 없는 목차다. 이 목차만으로도 누구든지 즉각적으로 『소크라테스의 변론』에 등장하는 소크라테스의 모습, 입만 열었다 하면 사람들의 심기를 건드리는 그의 모습을 떠올릴 수 있을 것이다.

예수가 로마 병사들과 유대교의 성전 경비병들에게 잡히고 십자가에 못박혀 죽기까지의 기록을 들여다보면 『소크라테스의 변론』과 놀라울 정도로 유사한 점을 발견하게 된다. 무엇보다도, 소크라테스가 그러했듯이, 예수 역시 죽음을 자처하고 있으며, 이 점에서 그의 죽음은 타살이 아니라 차라리 자살이라고 보아야 한다. 사실상 예수를 죽인 것은 빌라도가 아니라 유대인의 율법, 정치와 결탁한 사이비 종교인인 그들 유대인이었다. 빌라도는 예수를 왜 죽여야 하는지 이유를 알지 못하며, 심지어 어떻게든 구실을 만들어서 살려 주고 싶어 한다. 그러나 예수는 빌라도에게 자비를 구걸할 생각이 전혀 없다. 그는 마치 가속이 붙어 멈출 수 없는 성난 호랑이처럼 무서운 속도로 죽음을 향해 돌진한다. 감히 총독 앞에서 당당하게 맞서는 예수의 태도에 자존심이 많이 상했을 법한 빌라도이지만, 그럼에도 그는 성난 유대 군중을 향해 말한다. "보시오. 내가 저 사람을 여러분 앞으로 데리고 나오겠소. 내가 저 사람에게서 아무런 죄목도 찾지 못하였다는 것을 여러분도 알라는 것이오."(요한복음, 19:4), "에케 호모. 자, 이 사람이오."(19:5) 그러자 유대인들은 빌라도를 향해 "우리에게는 율법이 있소. 이 율법에 따르면 그자는 죽어 마땅하오. 자기가 하느님의 아들이라고 자처하였기 때문이오."(19:7)라고 외친다. 빌라도가 "여러분의 임금을 십자가에 못 박으란 말이오?"라고 물으니 수석 사제들이 "우리 임금은 황제뿐이오."라고 대답한다(19:15-16). 결국 예수는 동족의 손에 의해, 그들이 그토록 소중히 여기는 율법에 의해 십자가 위에서 죽음을 맞이한다. (사실상 예수에 대한 유대인들의 반감은 소크라테스에 대한 아테나이 사람들의 그것과 다르지 않다. 『소크라테스의 변론』에 의하면(24d-25a), 소크라테스를 고소한 세 사람 중 하나인 멜레토스는 법정에서, 청년들을 훌륭한 인간으로 성장시키는 것은 법이요 모든 사람이며, 오직 소크라테스만이 그 일을 방해하거나 오히려 청년들을 타락시키고 있다고 증언한다.)

이 '기쁜 소식福音의 배달부'는 자신이 살았고, 자신이 가르쳤던

대로 죽었다. '인류의 구원'을 위해서가 아니라 어떻게 살아야 하는 지를 보여 주기 위해 죽었다. 재판관 앞에서, 호위병 앞에서, 고소 인과 온갖 비방과 조소 앞에서 그가 보여 주었던 태도, 십자가에서 그가 보여 주었던 행동―그가 인류에게 남긴 것은 바로 그 실천이 었다. 그는 저항하지 않는다. 그는 자신의 권리를 변호하지 않는다. 그는 자신에게 닥칠지도 모르는 최악의 사태를 모면하기 위한 어떤 조치도 취하지 않는다. 오히려 정반대로, 그는 사태를 자극하여 최 악의 방향으로 더욱 몰고 간다. 그리하여 그는 자신에게 악을 행하 는 자들 안에서, 그들과 함께 간구하고 괴로워하고 사랑한다(A 35).

니체는 예수와 기독교도를 극단적으로 갈라놓고 있다. 그가 보 기에, 자칭 기독교도는 예수가 원했던 기독교인이 아니다. 왜냐하면 그들은 예수가 목숨을 걸고 감행했던 일이 아니라 그가 가장 혐오했 던 일을 하고 있기 때문이다. "나는 예수를 좋아하지만, 기독교도는 좋아하지 않는다. 왜냐하면 그들은 예수를 조금도 닮지 않았기 때문 이다."라는 간디M. K. Gandhi, 1869~1948의 말은 예수와 기독교 양자에 대한 니체의 입장을 니체 자신보다 더 선명하게 요약하여 표현하고 있는 듯하다.

사실을 말하면 오직 한 사람의 기독교도가 있었다. 그는 십자가 에서 죽었다. 그가 전한 '복음'도 십자가에서 죽었다. 그 순간 이후 사람들이 '복음'이라 부르는 것은 그 유일한 기독교도가 살았던 삶 과는 사실상 정반대편에 있는 무엇이다. '복음'이 '화음禍音'―나쁜 소식—으로 둔갑한 것이다. 기독교가 다른 어떤 종교와 구별되는 중요한 특징을 '신앙'에서, 말하자면 예수를 통해 구원을 얻을 수 있다는 믿음에서 찾는다는 것은 도무지 말이 되지 않는다. 예수의 실천을 따라 하는 것, 십자가에서 죽은 그가 살았던 것처럼 사는 것, 이것이 바로 기독교의 본질이다(A 39).

> 기독교 교회는 예수가 설교를 통해 부정했던 바로 그것이며, 제자들에게 맞서 싸우라고 가르쳤던 바로 그것이다(WM 168).

그렇다면 예수가 한 일은 무엇이며, 자칭 기독교도는 어쩌다가 예수가 가장 혐오하는 일을 하게 되었는가? 『반기독교도』에서 니체는 이 질문에 대한 해답을 찾고 있으며, 그 특유의 문제로 독자도 그 해답을 찾는 일에 참여할 것을 요청하고 있다.

우선 예수가 한 일은 무엇인가? 니체는 정치사회적인 측면과 심리적인 측면에서 예수가 어떤 일을 했는지 다음과 같이 말하고 있다.

> 예수가 주도한 것으로 이해 또는 오해되고 있는 그 반란이 유대 교회, 오늘날 우리가 '교회'라고 말할 때의 그것과 정확하게 동일한 의미를 가지는 바로 그 교회를 향한 것이 아니었다면, 나는 그 반란을 이해할 다른 방도를 찾을 수 없다. 그것은 '선하고 정의로운 자'를 향한 반란이었고, '이스라엘의 성자들'을 향한 반란이었으며, 사회의 지배질서를 향한 반란이었다. 타락한 그들을 향한 반란이 아

니라 계급과 특권과 서열과 관례화된 행동방식을 향한 반란이었다. 그것은 '높은 자리를 차지하고 있는 사람들'에 대한 불신의 표출이었으며, 사제와 신학자 모두에 대한 부정의 표현이었다. 그러나 여기서 간과하지 말아야 할 중요한 사실이 있다. 지금 예수가 문제로 삼고 있는 그 지배질서는, 비록 잠시 동안이기는 하지만, '홍수'의 한가운데서도 유대민족이 그 명맥을 유지할 수 있도록 해 준 그들의 유산이었으며, 생존을 위해 오랫동안 힘겹게 성취한 최선의 방법이었으며, 그들의 독특한 정치생활 방식이 만들어 낸 부산물이었다. 따라서 이 지배질서에 대한 공격은 곧 유대민족이 가진 본능의 핵심부에 대한 공격이었으며, 인류 역사상 삶을 향한 가장 강인한 의지를 가진 민족에 대한 공격이었다. 예수, 이 성스러운 무정부주의자는 천한 자, 버림받은 자와 '죄 지은 자', 유대교도들 사이에서 따돌림받는 자의 의식을 일깨움으로써 지배계급에 대항하고자 하였다. 그는, 만약 복음서에 적힌 것이 믿을 만하다면, 오늘날에도 시베리아로 유배되었을 법한 그런 말을 써서 그 일을 수행했다. 그는 일종의 정치범이었으며, 그 사회는 그런 그를 정치범으로 몰아세울 만큼 어처구니없을 정도로 비정치적인 사회였던 것이다. 그를 십자가에 세운 것은 바로 이것 때문이었다. 그의 십자가에 새겨져 있는 글씨가 그 증거다. 그는 자신이 지은 죄 때문에 죽은 것이다. 지금까지 기독교도들은 그가 다른 사람의 죄를 사하기 위해 죽었다고 늘 주장해 왔다. 그러나 이 주장을 뒷받침할 만한 증거는 어디에도 없다(A 27).

정치적인 측면에서 볼 때, 예수는 '제정일치祭政一致' 사회라고 부를 만한 유대사회의 질서 자체를 향해 의문을 제기했다. 그는 당시 사람들이 옳은 것으로 여기며 살아가던 일체의 제도와 가치에 대해 의문을 제기했으며, 그의 이 행동은 유대사회 전체를 뒤흔들기에 충분할 만큼 강력했다. 그는, 니체의 표현을 빌리면, '인류 역사상 삶을 향한 가장 강인한 의지를 가진 유대민족'의 심장부를 겨냥하여 공격하였으며, 그 공격의 대가는 정치범에게 부여되는 십자가형이었다.

또 한편, 심리적인 측면에서 볼 때, 예수는 마치 아무것도 알지 못하는 '백치'처럼 자신이 대면하는 모든 것에 대해 의문을 제기하였다. 니체가 보기에, 그렇게 사는 것이야말로 '신의 자식'으로서 '신의 자식답게' 살아가는 길이며, 그렇게 사는 것이 바로 진정한 삶, 영원한 삶을 지금 이곳에서 실현하는 길이었다. 예수가 우리에게 전한 '기쁜 소식'은 우리 모두가 신의 자식이라는 것, 그리고 그 자질을 될수록 충분히 발휘하는 것이 우리 삶의 의무라는 것을 핵심 내용으로 삼고 있다. 예수는 바로 그 일을 했으며, 마치 '백치'처럼 아무런 두려움 없이, 어떤 적의도 품지 않고, 자신에게 가해지는 모든 고통을 그냥 받아들이면서 그 일을 했다. 니체는 말한다.

심리학 분야의 어릿광대인 르낭은 두 개의 개념을 동원하여 예수형 인간을 설명하고 있다. '천재'라는 개념, 그리고 '영웅'이라는 개념이 그것이다. 내가 보기에 이 두 개념은 예수가 어떤 사람인지를 말하는 데 사용하지 말아야 할 대표적인 개념이다. 그 두 가지 중에서 복음서에 위배되는 것을 먼저 고른다면 그것은 '영웅'이라는 개념이다. 일체의 분쟁을 철저하게 거부하는 것, 내면에서 일어나는 일체의 적대감조차 거부하는 것, 복음에서는 이것이 바로 인간의 본능이라고 말한다. 저항 없이 그냥 받아들이는 것, 복음에서는 이것이 바로 인간이 실현해야 할 도덕이라고 말한다. ('악에 저항하지 마라.' 이것이야말로 복음이 전하는 가장 심오한 수준의 말이며, 어떻게 보면 복음 전체를 이해하기 위한 열쇠다.) 복음에서는 평온한 자에게, 온유한 자에게, 적대감 없이 그냥 당하는 자에게 축복이 있다고 말한다. 무엇이 '기쁜 소식'인가? 복음서가 전하는 진정한 삶, 영원한 삶이 그것인가? 그것은 미래에 실현될 약속으로 우리에게 주어진 무엇이 아니다. 그것은 지금 여기, 우리 안에 이미 존재하고 있다. 사랑하며 살아가는 것, 감하거나 제함이 없이 사랑하는 것, 거리감을 두지 않고 사랑하는 것, 이것이 바로 진정한 삶, 영원한 삶이다. 우리는 모두 신의 자식이다. 예수는 결코 자신만이 신의 자식이라고 주장하지 않는다. 신의 자식이라는 점에 관한 한 우리 모두는 평등한 것이다. 이런 예수가 '영웅'이라니 도대체 말이 되는가! 한편, '천재'라는 용어는 그보다 더 큰 오해를 자아내는 개념이 아닌가! 우리 모두가 알고 있는 개념, 오늘날 교양을 갖춘 사람이면 누구나 알고 있는 개념인 '정신능력'은 예수가 살았던 시절에는 어떤 의미도 가지지 못했다. 생리학자의 관점을 빌어 엄밀하게 말하자면, 예수가 어떤 사람인지를 설명하는 데 '천재'와는 전혀 다른 용어, '백치'라는 용어를 사용해야 마땅하다. 그는 비유컨대 병적으로 예민한 촉감을 가진 사람, 단단한 물건을 건드리거나 잡는 매 순간

마다 예외 없이 흠칫 놀라며 뒤로 물러서는 사람이다. 그런 생리적 습성을 그것이 도달할 수 있는 마지막 상태로까지 발전시켜 보자. 일체의 현실에 대한 본능적 증오, '잡을 수 없는 것', '파악할 수 없는 것'으로의 도피, 공간과 시간 개념이 만들어 내는 일체의 형식에 대한 반감, 관례와 제도와 교회 안에 확고하게 자리 잡고 있는 온갖 것들에 대한 반감, 현실로부터 어떤 방해도 받지 않는 세계, 순수한 '내면의' 세계, '실재의' 세계, '영원한' 세계를 집으로 삼아 그곳에 거주하기 …… '신의 왕국은 너희 안에 있다' …… (A 29).

예수의 삶에 대해서 이보다 더 아름답게 말을 하는 것이 과연 가능할까? 앞에서 여러 차례 언급하였지만, 니체가 보기에 기독교도는 예수가 했던 일, 이 세상에서 신의 왕국을 건설하는 일, 세상을 향해 기꺼이 문제를 제기하고 해답을 찾는 일, 진리를 향해 매진하는 일, 바로 그 일을 하지 않는다. 그 대신에 그들은 목숨을 걸고 그 일을 수행한 예수를 숭배함으로써 예수가 그 일을 하다가 죽었다는 것을 믿기만 하면 저절로 신의 왕국의 일원이 될 수 있다고 생각한다. 말하자면, 기독교도는 진리를 추구하는 예수의 실천을 예수에 대한 신앙으로 대치하고자 한 것이다. 이것은 예수가 그토록 비판했던 유대교와 그 본질에 있어서 조금도 다를 것이 없다. 이 점에서, 니체가 보기에, 기독교도는 예수의 배반자다. 이 점을 약간 자세하게 설명하면 다음과 같다.

널리 알려진 바에 의하면, 유대교와 기독교의 가장 결정적인 특징은 예수를 메시아로 인정하느냐 아니냐에 있다. 유대교에서는 에

덴동산에서 인간이 쫓겨난 이래로 자신들을 구원해 줄 메시아를 기다리고 있으며, 그들이 기다리는 메시아는 아직까지 우리 앞에 나타나지 않았다. 어느 날 예수라는 젊은이가 나타나 자신이 바로 그 메시아, 자신들이 그토록 기다리던 메시아라고 말했을 때, 유대인들의 분노가 하늘을 찌르고도 남았을 것이다. 남루한 행색의 예수에게서는 로마로부터, 궁핍한 삶으로부터 자신들을 구원해 줄 어떤 증거도 발견할 수 없었던 것이다. 저런 말도 안 되는, 무기력하기 짝이 없는 인간이 메시아라니, 차라리 죽이는 편이 낫다. 예수는 그런 그들에게 메시아는 먼 미래에 우리 앞에 등장하는 어떤 존재가 아니라 바로 우리 각자의 마음에 있으며, 메시아가 우리에게 가져다 줄 것으로 믿고 있는 '지복至福'은 지금 우리의 삶에서 찾아야 하는 무엇이라고 가르치고 있다. 지복은 누군가에 의해 나중에 우리에게 주어지는 것이 아니라 각자의 노력을 통해 우리의 삶에서 실현해야 할 무엇인 것이다. 한편, 기독교도는 예수가 행했던 그 일을 하기보다는 예수를 메시아로 믿음으로써 또는 믿기만 하면 된다고 생각함으로써 유대교도가 범했던 것과 동일한 잘못을 반대편에서 저지르고 있다. 유대교도가 메시아를 먼 미래에 놓고 있다면, 기독교도는 메시아를 과거의 어느 특정 시점에 위치 짓고 있다. 요컨대 메시아를 자신의 삶 바깥에 있는 존재, 자신의 삶을 구원해 줄 존재로 간주하고 있다는 점에서 유대교도와 기독교도가 다르지 않다.

니체에 의하면, 예수의 실천을 예수에 대한 신앙으로 바꾸어 놓은 최초의 기독교인은 바울Paulos, cir. 10~67이며, 바울의 이 시도는 아우구스티누스Augustinus, 354~430를 거쳐 루터M. Luther, 1483~1546와 칼뱅J. Calvin, 1509~1564에 이르러 완성되었다.

'기쁜 소식'에 뒤이어 곧바로 최악의 소식이 찾아왔다. 바울이 전한 소식이 그것이다. 그가 전한 소식에는 '기쁜 소식의 배달부'가 실제 그의 모습과는 정반대되는 인물로 구체화되어 있었다. 증오 속에서, 증오의 환상 속에서, 증오라는 무자비한 논리 속에서 살아가는 천재로 말이다(A 42).

이때부터 예수를 구세주의 전형으로 만들기 위한 몇 가지 교리가 단계적으로 도입되기 시작한다. 심판과 재림이라는 교리, 그의 죽음은 우리를 위한 희생이라는 교리, 부활이라는 교리 등이 그것이다. 이 교리들이 등장함에 따라 '지복'이라는 개념, 복음의 전부이자 유일한 진실인 이 개념이 마치 마법이라도 걸린 듯이 우리 삶에서 감쪽같이 사라지고 말았다. 우리가 죽은 '다음에' 얻게 되는 이익으로 둔갑하고 만 것이다! [이 모든 조작의 장본인은 다름 아닌] 바울이다(A 41).

바울과 아우구스티누스, 루터와 칼뱅이 각각 어떤 일을 했는지를 구체적으로 고찰하는 일은 이 책의 관심에서 벗어나 있다. 이하에서는 예수의 실천이 예수에 대한 신앙으로 대치되었을 때, '지복'을 이 세상이 아닌 저세상에 놓았을 때 어떤 재앙이 뒤따르는지에 대해서만 언급하도록 하겠다. 본격적인 논의에 앞서 한 가지만 언급하자면, 바울이 한 일이 루터와 칼뱅에 이르러 완성되었다는 앞의 말은,

루터와 칼뱅에게서 그 재앙이 가장 선명하게 확인된다는 뜻이다.

니체가 보기에, 바울이 각지를 떠돌며 전하고 교리로 완성한 '나쁜 소식'에는 다음과 같은 내용이 담겨 있다. 첫째, 예수는 우리를 죄에서 구하기 위해 이 땅에 태어났으며, 둘째, 그 일을 완성하기 위해 우리를 대신하여 십자가에서 죽었으며, 셋째, 그것을 사실로 믿으면 우리는 구원을 얻는다는 내용이 그것이다. 여기에 대해서는 몇 가지 질문에 제기될 수 있다. 무엇보다도 먼저 제기되어야 할 질문으로서, 우리가 지은 죄는 무엇인가? 인간은 누구든지 몸을 가지고 있으며, 그 몸이 필요로 하는 욕구를 충족시키기 위해 일을 하며 살아간다. 니체가 미워하는 기독교도는 이 문장의 어딘가에 '에덴동산에서 죄를 짓고 쫓겨난 이래로'라는 수식어를 넣고 싶을지 모른다. 넣어서 해로울 것은 없지만, 당장 문제되는 것은 지금 우리가 짓고 있는 죄다. 사실, 에덴동산에서 우리가 지은 죄는 지금 우리가 짓고 있는 죄의 종교적 상징이다.

우리는 대체로 그 욕구를 더욱 효과적으로 충족시키기 위해 더 열심히 일을 하며 살아간다. 그 과정에서 우리는 자기도 모르는 사이에, 경우에 따라서는 고의로, 크고 작은 죄를 지으며 살아간다. 니체는 이 사실을 부정하지 않는다. 그가 보기에 인간의 삶은 돈과 권력을 향한 의지로 가득 차 있으며, 자본주의 시대의 도래와 함께 그 의지는 이제 극에 달해 있다. 이 사태는 어떻게든 개선되어야 하며, 누군가가 이 사태를 개선하기 위해 이 세상에 태어났다면 쌍수를 들고 환영해야 마땅하다.

바울이 전한 '나쁜 소식'에 대해 제기할 수 있는 두 번째 질문으로서, 죄로부터 우리를 구원하기 위해 예수는 어떤 일을 했는가? 첫 번째 질문의 경우와는 달리 이 질문에 대해서는 '나쁜 소식'을 전하는 사람과 니체 사이에 상당한 견해 차이를 드러낸다. 바울과 그의 후계자들은 예수가 우리를 대신하여 죽었다고 말하고 있으며, 니체는 여기에 대해 강하게 비판하고 있다. 앞에서 언급한 바와 같이 니체가 보기에 예수는 소크라테스가 그러했듯이 우리 모두가 신의 자식이며, 신의 자식으로서 부끄럽지 않게 살아야 한다는 것을 보이는 데 목숨을 걸었다.

이 지점에서 제기될 수 있는 세 번째 질문으로서, 죄에서 벗어나기 위해 우리는 어떤 일을 해야 하는가? 이 질문에 대해서는 양자의 대답이 극명하게 갈린다. 바울과 그의 후계자들은 예수가 우리의 죄를 사하기 위해 죽었다는 것을 사실로 믿기만 하면 된다고 말하는 반면, 니체는 예수의 그 실천을 우리 각자가 따라 해야 한다고 말한다.

니체의 입장에서 바울과 그의 후계자들에게 제기할 수 있는 질문으로서, 예수가 우리의 죄를 대신하여 죽었다는 것을 믿었을 때 우리가 얻게 되는 '이익'은 무엇이며, 그 이익은 어디서 얻는가? 바울이 전하는 '나쁜 소식'에 의하면, 그것을 사실로 믿음으로써 우리는 우리가 상상할 수 있는 가장 좋은 것, '지복'을 얻으며, 그 지복은 '저세상'에 준비되어 있다. 바울과 그의 후계자들에게 제기할 수 있는 마지막 질문으로서, 그것을 사실로 받아들이는 것이 저세상에서의 삶을 위한 준비라면, 이 세상에서 우리의 삶은 어디에서 의미를 찾아야 하는가? 바울은 인정하기 어려울지 모르지만, 그가 전한 '나쁜 소식'의 논리를 따르자면, 로마에서는 로마법을 따라야 하듯이 이 세상에서는 이 세상의 법을 따라야 한다. 이 세상에서 우리는 몸을 가지고 살아가고 있고 그것 때문에 돈과 권력을 향한 의지에서 자유로울 수 없다면, 그것을 부끄러워할 것이 아니라 기꺼이 받아들여야 하며, 법이 허용하는 한도 내에서 어떻게든 더 많이 가지려고 노력해야 한다. 그것이 바로 이 세상의 법이 아닌가? 이 세상에서는 이 세상의 법을, 저세상에서는 저세상에서의 법을 따르라! 니체가 보기에 이 마지막 '나쁜 소식'은 바울이 그 싹을 제공하였으며, 루터와 칼뱅에 의해 자본주의와 절묘하게 결합된 '프로테스탄트 윤리'라는 이름으로 완성되었다.

프로테스탄티즘의 정의: 반쪽은 기독교 정신의 마비, 그리고 나머지 반쪽은 이성의 마비(A 10).

니체가 정면으로 거부했던 것은 …… 이중진리 이론, 즉 진리 또는 기준이 두 가지라는 주장이다. '신은 불합리한 존재이기 때문에 나는 그를 믿는다.'거나 '신을 믿기 위해 이성을 희생하라.'는 식의 주장에 대해 니체는 코웃음을 쳤다. 그는 자신의 저작 여기저기에서 그 주장에 대한 불편한 심기를 자주 드러내고 있다. 심지어 어느 곳에서 그는 그 유명한 문구를 '내가 불합리하기 때문에 나는 신을 믿는다.'로 고쳐야 한다고 제안하고 있다(K 351).

'이중진리 이론double-truth theory'은 중세 이슬람의 사상가인 이븐 루슈드Ibn Rushd, 1126~1198에 의해 만들어진 것으로 알려져 있다. 그에 의하면, 종교에서 추구하는 진리와 학문이 추구하는 진리는 같지 않다. 이 주장을 통해 이븐 루슈드는 종교로부터 학문의 자유를 확보하고자 했다. 루슈드와 대비하자면, 기독교는 학문으로부터 종교의 자유를 확보하려고 하며, 이 점에서 루슈드와 정반대편에서 이중진리 이론을 받아들이고 있다고 말할 수 있다. 한편, '신은 불합리한 존재이기 때문에 나는 그를 믿는다credo quia absurdum est; I believe because it is absurd'와 '신을 믿기 위해 이성을 희생하라 sacrificium intellectus; sacrifice of the intellect'라는 말은, 이견이 있기는 하지만, 각각 테르툴리아누스Tertullianus, cir. 155~230와 로욜라Ignatius de Loyola, 1491~1556가 한 것으로 알려져 있다. 그리고 테르툴리아누스의 말을 고쳐 쓴 니체의 '내가 불합리하기 때문에 나는 신을 믿는다credo quia absurdus sum; I believe because I am absurd'는 『아침놀』(M 417)에 등장한다.

아폴론적 요소와 디오뉘소스적 요소가 완벽하게 결합된 비극작품, 현실에 굴하지 않고 이념을 실현하기 위해 목숨을 거는 비극의 주인공, 신의 자식임을 증명하기 위해 무모하게 현실로 뛰어들어 자신을 파괴하는 등에와 백치. 소크라테스와 예수는 그들의 삶 자체가 모범적인 비극작품이었다. 니체가 보기에 에우리피데스가 소크라테스의 삶에서 디오뉘소스적 요소를 제거하려고 했다면, 바울은 예수의 삶에서 그것을 제거하려고 하였다. 에우리피데스가 그 일에 거의 실패했다면, 바울은 거의 완전하게 성공을 거두었다. 만약 둘 중 하나라도 되살릴 수 있다면, 나머지 한쪽은 되살아난 그쪽에 비추어 새 살을 붙일 수 있다. "진정한 기독교인이 되려거든 예수를 숭배하지 말고 예수가 했던 그 행동을 실천하라. 그 실천은 곧 소크라테스가 했던 신성 실현을 위한 실천이다." 니체가 자신의 모든 작품을 통틀어 하고 싶었던 마지막 말은 바로 이것이다. 니체의 이 마지막 말을 받아들인다면, 이 세상에 태어나 인간이 가질 수 있는 직업 중에서 신의 자식임을 체험하며 살기에 가장 적합한 직업이 어떤 것인지 말하지 않아도 알 수 있을 것이다.

> 기독교도는 예수가 그들에게 명한 행동을 단 한 차례도 실천한 적이 없으며, 뻔뻔하게도 '믿음으로 의롭게 된다.'고 지껄이기까지 한다. 이것의 유일하고 궁극적인 의의가 있다면, 예수가 요구했던 일을 인정할 용기와 의지가 교회에 없었다는 결론을 보여 준다는 것, 오직 이것이다. 불교도는 비불교도와 다른 방식으로 행동한다. 이와는 달리 기독교도는 세상의 모든 사람들이 하는 것과 똑같이 행동한다. 그들이 달리 가진 것이 있다면 예배의식과 그들 특유의 분위기 정도다(WM 191).

앞의 인용문에서 니체는 불교도와 기독교도를 대비하고 있다. 그에 의하면, 기독교도는 예수의 실천을 행하지 않는 반면 '불교도는 비불교도와 다른 방식으로 행동한다.' 불교도에 대한 니체의 이 말을 기독교도와 대비하자면, 불교도는 석가모니가 했던 바로 그 일을 함으로써 석가모니가 도달했던 그 경지에 도달하기 위해 노력한다는 뜻으로 이해될 수 있다. 여기에 대하여 어떤 사람은 다음과 같이 반문할지 모른다. 불교도 누구, 기독교도 누구를 말하는 것인가? 가장 훌륭한 불교도와 가장 형편없는 기독교도를 비교하면서 마치 전자가 후자보다 더 나은 것처럼 말하는 것은 형평성에 어긋나지 않는 가? 한편으로, 불교와 기독교는 종교의 성격에 차이가 있지 않은가 하는 생각, 다른 한편으로 니체가 동양에서 태어났다면 자신이 기독교도에 대해서 했던 그 말을 불교도에게 했을 것이라는 생각을 하면, 그 반론이 타당하지 않은 것 같기도 하고 타당한 것 같기도 하다. 어찌되었건 간에, 어느 쪽의 종교인이든 신성실현을 위해 노력해야 한다는 점을 부정할 수는 없다. 콩 심은 데서 콩이 나고 팥 심은 데서 팥이 나듯이, 신은 신성실현을 위한 실천을 하는 곳에서 그 모습을 드러낸다. 우스갯소리로 메시아가 우리 앞에 나타났을 때 그를 메시아로 알아보기 위해서라도 우리는 신성실현을 위한 실천을 해야 한다.

신이
죽어 가고 있다

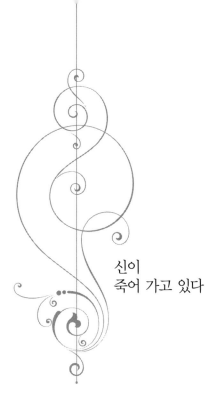

신이
죽어 가고 있다

신이 죽어 가고 있다

카우프만W. Kaufmann의 『니체: 철학자, 심리학자, 반기독교도』(K)는 니체의 사상에 관심을 가진 많은 사람들에게 기념비적인 저작으로 인정받고 있다. 이 책에서 카우프만은 토막말 수준의 자극적인 경구, 나치 동조자들의 악의적인 도용, 잘못된 영어 번역 등에 의해 왜곡된 니체를 우리에게 이해 가능한 정상적인 모습으로 바꾸어 놓기 위해 애쓰고 있다. 그 일을 하는 데 있어서 카우프만이 시종일관 참조하고 있는 인물은 소크라테스와 예수, 그중에서도 특히 소크라테스다. 카우프만은 소크라테스와 예수의 삶을 밑그림으로 하여 모호한 니체의 사상에 예리한 윤곽을 부여하고 있다. 1950년에 출간된 그 책의 제1판 서문에서 카우프만은 니체 사상의 위대한 점은 신으로부터 소크라테스가 받은 명령—'애지자愛知者로서의 삶을 살라. 너 자신과 다른 사람을 검사하라'(Apologia, 28e)는 그 명령을 실천하려고 했다는 데서 찾을 수 있다고 말하고 있다.

올바른 삶의 문제를 탐구하는 데 관심을 기울이면서도 교육에는 관심이 없다고 말하는 사상가가 있을 수 있다. 그런가 하면, 올바른 삶의 문제에 대한 자신의 탐구는 그 자체로서 교육의 문제에 대한 탐구라고 생각하는 사상가도 있다. 필자가 아는 한, 후자에 속하는 대표적인 사상가는 소크라테스와 플라톤이다. 그리고 카우프만의 해석을 받아들인다면, 니체 또한 후자의 사상가에 속한다. 그에 의하면, 소크라테스가 신으로부터 받은 명령을 실천하는 일에 대한 관심, 한마디로 교육은 니체가 가졌던 유일한 관심사였다. 그런 만큼 교육에 대한 니체의 관심은 처녀작인 『비극의 탄생』(GT)에서부터 대표작인 『차라투스트라는 이렇게 말했다』(Z)에 이르기까지 그의 모든 저작에서 예외 없이 확인된다.

니체의 사상은 그 전체가 교육학 이론이라고 말해도 틀리지 않다. 사정이 이러함에도 지금까지 니체는 교육학 분야에서 응분의 주목을 받지 못한 것으로 보인다. 예를 들어, 보이드W. Boyd는 그의 『서양교육사』(1952)에서 19~20세기의 교육을 논의하는 동안에 니체를 단 한 차례도 언급하고 있지 않다. 니체가 그런 대접을 받아온 데는 여러 이유가 있으리라 생각된다. 방법론적, 기법적 측면만을 지나치게 강조하는 현대 교육학의 흐름이 그 한 가지 이유가 아닌가 하는 생각이 없지 않지만, 니체의 글쓰기 방식이 또 한 가지, 아마도 더 중요한 이유가 되지 않았을까 하는 생각이 든다. 니체는 일체의 것에 대해 주저 없이 비판의 칼을 들이대고 있다. 차분하게 논의를 정리하기보다는 모든 것을 파괴할 듯 달려드는 그의 공격적 성향은 상대방이 불편함을 느끼기에 충분하다. 니체에 대해 호감을 가진 사람에게는 수사학적 고려로 보이겠지만, 그렇지 않은 사람에게는 불편함을 넘어서 불쾌감을 자극하는 겁 없는 언행일 뿐이다. 무엇이건 부숴 대는 니체의 망치질이 이하에서 언급할 '니힐리즘'에 국한하여 행해졌다면, 그의 말과 글이 적어도 지금보다는 훨씬 더 정리된 모습을 갖추지 않았을까, 교육학의 영역에서 적어도 지금보다는 나은 대접을 받지 않았을까 하는 아쉬움이 남는다.

니힐리즘

앞에서 언급한 카우프만과 더불어 니체 연구의 대가로 인정받는 또 한 명의 철학자가 있다. 하이데거 M. Heidegger, 1889~1976가 바로 그 사람이다. 하이데거는 40대 후반부터 니체를 집중적으로 연구한 것으로 알려져 있다. 그 시기에 하이데거는 당시 재직 중이던 프라이부르크 대학의 강의에서 니체를 꾸준히 다루었으며, 그 결과를 바탕으로 니체에 관한 여러 편의 논문을 발표하였다. 니체의 사상을 주제로 한 하이데거의 강의록과 논문은 1961년에 4권의 책으로 출간되었다. 결론을 말하자면, 하이데거의 이 방대한 연구는 니체를 '니힐리즘nihilism'의 대표적 사상가로 만들었으며, 종국에는 니체를 포스트모더니즘의 선구자 반열에 올려놓았다. 한편, 앞에서 언급한 카우프만은, 그의 생몰 연대(1921~1980)를 고려할 때, 하이데거와 여러 해 동안 이승에서 호흡을 같이하였다. 한 가지 흥미로운 사실은, 카우프만은 하이데거의 난삽한 문체를 매우 싫어했다고 한다. 물론, 카우프만이『니체: 철학자,

심리학자, 반기독교도』에서 하이데거에 대해 지나가는 말 정도로만 슬쩍 언급하고 있는 것은, 그에 대한 정서적 거부감 이상의 의미가 담겨 있다고 보아야 한다.

하이데거는 1927년에 자신의 대표작 『존재와 시간』을 출간한 이래로 플라톤에서 칸트에 이르기까지의 서구 형이상학의 전통을 극복하고자 하였다. 한 번 더 말하거니와 하이데거는 서구 형이상학을 극복하고자 하였다. 필자가 생각하기에, '형이상학을 극복한다.'는 그 말은, 포스트모더니스트를 포함하여 하이데거 이후 그를 따르는 연구자들의 여러 주장을 고려할 때, 다음의 두 가지로 해석되고 있는 듯하다. 첫째, '존재'에 대한 관심을 되살린다는 의미에서의 '형이상학의 극복'이다. 하이데거가 보기에 철학적 탐구의 핵심이라고 볼 수 있는 형이상학의 역사는 한마디로 말하여 '존재 망각'의 역사다. 그가 보기에 플라톤에서 칸트에 이르기까지 기라성 같은 철학자들은 '존재'에 대한 탐구라는 본연의 과업을 팽개치고 엉뚱한 데 정력을 허비한 사람들인 것이다.

그러나 하이데거가 하고자 했던 '형이상학의 극복'을 위와 같이 해석하는 것이 과연 타당한지에 대해서는 의문의 여지가 있다. 당장 제기될 수 있는 질문으로서, 하이데거 사상의 근간을 이루는 개념적 구분으로서, 존재와 존재자의 존재론적 차이는 무엇인가, 기존의 형이상학 체계에서 존재자와 구분되는 것으로서의 존재에 해당하는 개념은 어떤 것인가 하는 질문이 그것이다. 여기에 대해 어떤 사람은 "기존의 형이상학 체계에서 '존재'에 해당하는 개념은 없다."고 말할지 모른다. 그러나 필자가 생각하기에 이것은 말이 되지 않는다. 우선, 어디서도 그 흔적을 찾을 수 없는, 그야말로 누군가가 완전히 새롭게 창안한 개념이라는 것이 과연 있을 수 있는가? 어느 전도자의 말대로, "지금 있는 것은 언젠가 있었던 것이요, 지금 생긴 일은 언젠가 있었던 일이라. 하늘 아래 새 것이 있을 리 없다. '보아라, 여기 새로운 것이 있구나.' 하더라도 믿지 마라. 그런 일은 우리가 나기 오래전에 이미 있었던 일이다"(전도서, 1:9-10). 만약 '존재'가 그런 개념이라면, 하이데거가 하고자 했던 '형이상학의 극복'은 기존의 형이상학과는 문자 그대로 아무런 관련이 없는, 전혀 새로운 형이상학이라고 말해야 한다. 또한, '존재에 대한 관심을 되살린다.'거나 '서구 형이상학의 역사는 존재 망각의 역사다.'라는 말 또한 어불성설에 지나지 않는다.

하이데거가 지목하고 있는 플라톤이나 칸트가 한 일을 거점으로 하여, 그리고 정상적인 사고방식에 입각하여 생각해 보면, '형이상학을 극복한다.'는 그의 말은 앞에서와는 (전혀) 다른 의미로 해석될 수 있다. 우리가 알고 있는 바에 의하면, 플라톤과 칸트의 형이상학은 각각 가시계可視界와 가지계可知界의 구분, 현상계現象界와 본체계本體界의 구분에 입각해 있다. 그들에 의하면, 우리가 거주하는 이 세계는 눈에 보이는 것으로서의 가시계-현상계만으로는 온전하게 설명되지 않는다. 가시계-현상계가 의미를 가지기 위해서는, 이 세계를 온전하게 설명하기 위해서는 가지계-본체계가 있다는 것을 받아들이지 않으면 안 된다.

가시계나 현상계가 있다는 것을 인정하기 위해 우리는 어떤 노력도 기울일 필요가 없다. 아침에 눈을 떠서 앞을 바라보는 정도의 움직임만으로 충분하며, 그때 시야에 나무가 보이고 지나가는 자동차가 포착된다면 그것으로 충분하다. 즉, '가시계-현상계는 있는가?'라는 질문은 해답을 위한 노력이 필요한 정상적인 질문이라고 볼 수 없다. 그것은 '밥 짓는 기술, 빵 굽는 기술은 가치 있는가?'라는 질문보다 더 기이한 질문이다. '가치 있다'는 말과 '유용하다'는 말의 의미상의 중첩을 인정하지 않을 수 없는 이상, 정상적인 경우 그 질문은 기이하기 짝이 없는 질문이다. 교육과정을 공부하는 사람들은 지식의 정당화 문제에만 골몰할 뿐, 기술의 정당화 문제에는 어째서 관심을 기울이지 않는가? 이것은 지금까지 필자가 들었던 질문 중에서 가장 기이한 질문이다. 그리하여 만약 누군가가 '가시계-현상계는 있는가?'라고 질문한다면, 그것은 필자가 들었던 그 질문보다 더 기이한 질문이다.

문제는 가지계-본체계다. 가시계-현상계의 경우와는 달리 가지계-본체계를 인정한다는 말은 특별한 의미를 가지며, 그 의미를 어떻게 규정하건 간에, 그것을 인정하기 위해서는 각고의 노력이 필요하다. 플라톤과 칸트 형이상학의 특별한 점은, 눈앞에 엄연히 존재하는 가시계-현상계 이외에 보통 사람으로서는 상상하기조차 어려운 가지계-본체계를 인정하지 않으면 안 된다고 주장하였다는 것, 그것을 인정하지 않으면 이 세계가 어째서 이렇게 되어 있는지 설명할 수 없으며, 우리의 삶이 아무런 의미를 가질 수 없게 된다는 것을 주장하였다는 데 있다. 그 두 사람의 위대한 점은 바로 여기에 있다. 플라톤 이래로 칸트에 이르기까지 여러 철학자들은 상식인으로서는 믿기 어려운 가지계-본체계가 있다는 것을 나름의 방식으로 보여 주기 위해 부단히 노력하였다.

한마디로 말하여, 서구 형이상학의 역사는 가지계-본체계의 존재론적 지위를 확립하기 위한 역사다. 만약 그렇다면, 하이데거가 하고자 했던 일, 즉 형이상학의 극복은 가지계-본체계의 존재를 부정하는 일, 세계를 가시계-현상계로 한정 짓는 일, 형이상학을 상식인의 세계관으로 격하시키는 일과 다르지 않다. 하이데거가 하고자 했던 형이상학의 극복을 이와 같이 해석하면, 하이데거는 니힐리즘의 대표자, 포스트모더니즘의 아버지라고 부를 만하다. 그리고 또 한편, 니체가 니힐리즘의 대표자이자 자신과 마찬가지로 서구 형이상학을 부정하고자 했던 사상가라는 하이데거의 해석은, 가지계-본체계까지 갈 것도 없이, 가시계-현상계가 존재하지 않는다는 말보다 더 기이한 주장이다. 왜냐하면 니체의 관심은 니힐리즘을 확립하는 데 있었던 것이 아니라 교육을 통한 니힐리즘의 극복에 있었기 때문이다.

이상의 말에 대해 어떤 사람은, 하이데거가 말하는 존재와 존재자의 구분은 각각 가지계-본체계와 가시계-현상계에 상응한다고 말하면서, 플라톤-칸트와 하이데거의 차이는 후자와 관련하여 전자의 성격을 어떻게 파악하는가에서 찾을 수 있다고 말할지 모른다. 그러나 과연 그렇게 말하는 것이 가능한지, 그 경우에 '형이상학의 극복'이라는 말은 어떤 의미를 가지는지 필자로서는 상상할 수 없다.

니체가 살았던 당시의 많은 사상가들, 그리고 물론 그 이후의 많은 사상가들이 그러하듯이, 니체 또한 칸트의 영향 아래에서 자신의 사고를 전개하였다. 니체는 자신의 책 여기저기에서 우정 어린 어조로 칸트와 쇼펜하우어를 언급하고 있다(K 103). 칸트의 사고 체계에서 니체의 관심을 사로잡은 것은 '이념'이다. '이념'은 본체계의 윤리학적, 인식론적 대응물로서, 신과 자유와 영혼불멸이 여기에 해당한다. 그에 의하면, 도덕과 인식의 측면에서 일체의 인간 행동이 의미를 가지기 위해서는 신과 자유와 영혼불멸이라는 이념이 있다는 것을 받아들이지 않으면 안 된다. 그 이념은 우리 삶의 '선험적 사실'에 해당하는 것으로서, 받아들여도 그만, 안 받아들여도 그만인 그런 것이 아니다. 그것은 개인의 의사와는 무관하게 받아들이지 않으면 안 되는 것, 우리가 이미 받아들이고 있는 것으로서, 인간의 삶에 대해 논리적 강제력을 가진다. 칸트의 이 생각을 니체의 입을 빌어 말하면, 우리 보통 사람은 누구든지 이념을 삶의 의미의 한 부분으로 받아들이며 살아가고 있으며, 그 이념의 존재 방식이나 이유에 대해서는 입 다물고 가만히 있으면 된다는 식으로 표현할 수 있을 것이다. 니체에 의하면, "칸트는 보통 사람을 벙어리로 만들어 놓는 방식으로, '보통 사람이 옳다.'는 명제를 증명하고 있다"(FW 193).

니힐리즘은 '없음' 또는 '무'를 뜻하는 라틴어 '니힐nihil'에서 파생된 용어로서, 가지계-본체계 또는 칸트가 말하는 '이념'을 부정하는 사고방식을 가리킨다. 니체가 주목하고 있는 '신'으로 한정하여 말하면, 니힐리즘은 신의 존재를 부정하는 사고방식이다. 사실상 칸트가 말한 신, 자유, 영혼불멸은 별개의 개념적 실체를 가리킨다기보다는 동일한 것의 상이한 표현이라고 보는 편이 옳을 것이다. 이와 같이 해석할 때, 신은 이념을 대표하며, 자유와 영혼불멸은 이념으로서 신이 가지는 개념적 속성이라고 할 수도 있다. 이 점에서 신의 존재를 부정한다는 것은 곧 칸트의 이념 전체를 부정하는 것과 다르지 않다.

신의 존재를 부정하는 사고방식이 니힐리즘이라면, 니체야말로 니힐리즘의 대표자가 아닌가 하고 반문하는 사람이 있을지 모른다. 아니 사실은 어느 편인가 하면, 그렇게 반문하지 않는 사람이 과연 있을지 의문이다. 그 증거로서 누구든지 '신은 죽었다.'는 니체의 유명한 말을 거론할 것이다. '신은 죽었다.'는 경구야말로 우리 모두가 알고 있는 니체의 유명한 선언이 아닌가!

'신은 죽었다.'는 독일어 'Got ist tot.', 영어 'God is dead.'의 번역어다. 필자가 생각하기에, 그 말을 통해 전달하고자 한 니체의 메시지를 염두에 두고 생각해 보면, 그 말은 '신은 죽었다.'가 아니라 '신이 죽어 가고 있다.'로 이해되어야 한다. 상당한 파격을 감수하고 말하자면, 그렇게 번역되어도 무방하다.

니체가 보기에 자본주의와 민주주의를 특징으로 하는 근대 이후 신은 우리의 삶에서 급속도로 멀어져 가고 있다. 정확하게 말하면, 신이 우리 삶에서 스스로 도망치고 있는 것이 아니라, 우리가 신을 우리 삶 바깥으로 쫓아내고 있다. 돈과 권력을 향한 의지로 가득 찬 우리 현대인이 신을 죽이고 있다는 것이다. 니체가 보기에 완전히 죽이지는 못했지만, 지금도 우리는 신을 죽이고 있으며, 이제 빈사 상태에 이르렀다. 그가 보기에 이 상황은 어떻게든 극복되어야 한다. 신이 완전한 죽음을 맞이하는 순간은 어떻게든 막아야 한다.

니체의 말을 빌리면, 신이 우리의 삶 바깥으로 영원히 추방되는 순간은 지구에서 태양의 빛이 완전히 사라지고 바다 전체가 통째로 사라진 순간이다. 그 순간은 돈과 권력이 삶의 유일무이한 가치판단 기준이 되는 순간, 다시 말하여 판단의 대상이 판단의 기준으로 둔갑하는 순간이며, 인간이 동물의 수준으로 전락하는 순간이다. 한마디로 야만의 시대가 도래하는 순간이다. 그 순간을 상상할수록 니체는 광기에 가까운 두려움을 느꼈으며, 옛날의 선지자들이 그랬듯이 신께서 우리 곁에 오래도록 머물러 계실 것을 갈구하였다.

이하 인용문에 등장하는 '광인'은 니체 자신으로서, 신이 우리 곁에서 영원히 떠난 순간을 미리 보게 된 그는 정신을 잃고 시장을 헤매고 있다. 『차라투스트라는 이렇게 말했다』에서 니체, 아니 광인은 다음과 같이 말한다(Z 125).

> 화창한 어느 날 아침에 등불을 들고 시장 여기저기를 뛰어다니며 "신을 찾고 있소. 어디에 있는지 누가 보셨소?"라고 계속해서 외쳐 댔다는 어느 광인에 대한 이야기를 들은 적이 있는가? 당시 그곳 시장 사람들 대다수는 신을 믿지 않았다. 그리하여 그는 많은 사람들의 웃음거리가 되었다. 신이 길을 잃은 거요? 한 사람이 물었다. 아이처럼 길을 잃었단 말이오? 다른 사람이 물었다. 그게 아니라 어디에 숨은 것 아니오? 우리가 무서운 모양 아니오? 배를 타고 어디로 떠난 거요? 아니면 다른 나라로 이사를 갔소? 사람들은 이렇게 큰 소리로 광인을 비웃었다.
>
> 광인은 시장 사람들 한가운데로 뛰어들어가 날카로운 눈으로 그들을 바라보았다. "신이 어디로 갔느냐고요?" 그가 외쳤다. "제가 말씀드리죠. 우리가 그를 죽였습니다. 여러분과 제가 그를 죽였습

니다. 우리 모두가 그를 죽인 살인자란 말입니다. 그런데 우리는 그를 어떻게 죽인 겁니까? 우리는 어떻게 바다를 들이킬 수 있었을까요? 수평선 전체를 일거에 없애 버린 스펀지를 우리에게 준 것은 누구입니까? 태양에 매어 있던 지구를 풀어놓고는 우리가 무슨 짓을 한 것입니까? 이제 지구는 어디로 향해 가는 걸까요? 우리는 어디로 향해 가는 걸까요? 각자 태양에서 떨어져 나와 어디로 가는 걸까요? 끊임없이 추락하고 있는 것은 아닐까요? 뒤로, 옆으로, 앞으로, 좌충우돌하고 있는 것은 아닐까요? 무한한 허무 속을 헤매고 있는 것은 아닐까요? 허공의 숨결이 느껴지지 않나요? 점점 추워지고 있지 않나요? 밤에 뒤이어 또 밤이 들이닥치고 있지 않나요? …… 신이 죽었습니다. 신이 죽었단 말입니다. 그를 죽인 것은 바로 우리입니다. 지금까지 이 세계에 등장한 존재 중에 가장 성스럽고 강력한 존재였던 그가 우리의 칼을 맞고 피를 쏟으며 죽었습니다. 우리 몸에 묻은 이 피를 누가 닦아 줄 수 있을까요?"

이 말을 하고 나서 광인은 침묵에 빠져들었고 다시 한 번 청중을 바라보았다. …… '신을 죽인 이 끔찍한 사건은 지금도 여전히 진행 중이야. …… 이 사건은 아직 사람들의 귀에 다다르지 않았어. 번개가 내리치고 천둥소리가 귀에 들리기까지 시간이 필요하고, 별빛이 우리 시각에 포착되기까지 시간이 필요하듯이, 이미 저질러진 행동이지만 이것이 사람들의 눈과 귀에 도달하기까지는 시간이 필요해. 이 사건은 저 사람들로부터 가장 멀리 떨어져 있는 별보다도 더 멀리 떨어져 있어. 하지만 분명한 것은 바로 저들이 그 사건을 저질렀다는 거야.'

학문과 교육에서 신을 찾다

모건G. A. Morgan은 "니체의 철학이 무신론無神論을 기본 전제로 삼고 있다는 점에 관한 한 이견이 있을 수 없다."고 주장한다. 그러나 앞의 인용문에 시사되어 있는 바와 같이, 니체는 '신은 없다.'가 아니라 '신이 죽어 가고 있다.'고 말한다. 이 점에서 그를 무신론자라고 말하는 것은 부당하다. 물론, 기독교 신자인지의 여부, 교회에 빠지지 않고 열심히 다니는지 여부가 무신론자와 유신론자를 구분하는 기준이라면 얘기는 달라진다. 니체가 보기에, 바울의 주도하에 예수의 실천은 예수에 대한 신앙으로 대치되었으며, 이 대치는 결국 신을 우리 삶 바깥으로 추방함으로써 이 승에서 돈과 권력을 마음껏 추구하도록 부추긴다. 이승에 어떻게든 신을 붙들어 매어야 할 기독교와 교회가 오히려 신을 이승 바깥으로 내쫓는 우를 범하고 있다는 것이다. 이 점에서 니체는 기독교와 교회에 대해 강한 거부감을 나타내었다.

> 사람들이 말하기를 그날 광인은 교회 여러 곳에 뛰어들어 신이 영원히 죽었음을 알리는 진혼곡을 불렀다. 교회 밖으로 끌려 나와 해명을 요구받자 그는 다음과 같은 말만 여러 차례 되풀이하였다고 한다. "지금 이 교회가 신의 묘지요 무덤이 아니라면 도대체 무엇이란 말인가?"(Z 125)

제도로서의 기독교와 교회는 죽어 가고 있는 신에게 생명을 불어

넣을 힘을 완전히 잃었는가? 이 질문에 대해 니체가 '그렇다'고 단언하고 있다고는 말하기 어렵다. 니체는 거의 모든 경우에 부정적 발언을 내놓는 사람인 만큼, 그 질문에 대한 그의 긍정적 발언을 찾는 것은 쉽지 않다. 그러나 그것은 어디까지나 수사학적 발언일 뿐, 그는 여전히 종교와 종교인에 대해 무한한 신뢰를 보내고 있다(U III). 물론, 바울과 그의 후계자들에 대해서는 무한한 저주를 퍼붓고 있지만 말이다.

니체는 신의 회생 가능성을 희랍시대 이래로 면면히 이어져 온 자유교육의 전통과 학교에서 찾고 있다. 그가 보기에 바울과 그의 후계자들이 주도권을 쥐고 있는 교회보다는 학교가 근대 이후의 인간에게 더 큰 희망을 주는 장소였다. 사실상 바울이 기독교 역사에 미친 해악은 학교 바깥에 교회를 세우려고 했다는 데 있다. 그리고 그곳은 곧 예수의 삶을 엉뚱한 방향으로 왜곡한 바로 그 지점이기도 하다.

> 학문은 인간을 신과 동등한 지위로 올려놓는다. 사제와 신이 끝장나는 순간은 바로 인간이 지식을 배우게 되는 때다. 교훈―학문에 접근하지 못하도록 철저하게 차단하라. 다른 것은 몰라도 학문에 대한 접근만은 어떻게든 막아야 한다. 학문에 접근하는 것을 죄목의 맨 처음에 올리고, 모든 죄의 씨앗임을 알리고, 차라리 '원죄'라고 말하라. 인간이 갖추어야 할 도덕성의 전부를 이것으로 채워라―'형제들이여, 지식을 가지려 하지 마라'(A 48).

바울은 자신만의 신을 창조함으로써 신을 부정하고 있다(*Deus, qualem Paulus creavit, dei negatio*; God, as Paul created him, is a denial of God). 기독교와 같은 종교, 어떤 지점에서도 현실과 접촉하지 않는 종교, 어떤 지점에서건 현실과 맞닿는 순간 산산이 부서져 버리는 종교는 우리가 '학문'이라고 부르는 '세상의 지혜'를 불구대천의 원수로 삼는다. 지성의 도야, 지적 양심이 추구하는 명료함과 엄격함, 우아함을 동반한 냉정함, 지성의 자유를 오염시키고, 비방하고, 그리하여 악평을 얻게 할 수만 있다면 수단을 가리지 않고 그렇게 한다. 자신이 창조한 신을 믿으라는 바울의 명령은 곧 학문에 대한 거부권을 행사라는 명령인 것이다(A 47).

니체는 1872년 1월에서 3월 사이에 바젤 대학교의 박물관 강당에서 『우리 교육기관의 미래에 대하여』(ZB)라는 제목으로 다섯 차례의 공개 강연을 하였다. 당시 그의 나이가 28세였다는 점, 자신의 처녀작인 『비극의 탄생』(GT)이 출판된 바로 그해인 만큼, 그 저작과 강연 사이에 모종의 관련이 있으리라는 점, 그리고 역사학자 부르크하르트, 음악가 리하르트 바그너 등의 저명인사들이 강연장을 찾았다는 점 등이 우선 눈길을 끈다. 알려진 바에 의하면, 당초 여섯 차례의 강연을 하기로 되어 있었지만 실지로는 다섯 차례만 했으며, 니체 자신이 강연 원고를 정식으로 출판할 계획을 세웠지만 완성도를 더 높인다는 이유로 출판을 미루었다고 한다. 결과적으로 생전에 출판되지 못했지만, 그가 구체적인 단계까지 출판 계획을 진척시킨 것으로 보아, 니체는 그 강연 주제와 내용에 대해 특별한 의미를 부여했던 것으로 보인다. 한편,『반시대적 고찰』(U)이라는 제목으로 묶여 있는 니체의 네 권의 저작—『다비드 슈트라우스: 고백자, 그리고 저술가』,『삶에 있어서 역사의 공헌과 해악에 관하여』,『교육자로서의 쇼펜하우어』,『바이로이트의 리하르트 바그너』—이 그 강연의 수정된 결과물이라는 견해도 있다. 필자가 보기에, 다섯 차례에 걸쳐 행해진 니체의 강연과『반시대적 고찰』에 포함되어 있는 네 권의 저작에서 취급되고 있는 내용을 감안하면, 그렇게 말해도 큰 무리는 없을 듯하다. 그 네 권의 저작은 모두 강연 이듬해인 1873년에서 1876년 사이에 출판되었다.

이 강연에서 니체가 직접적인 관심의 대상으로 삼고 있는 교육기관은 대학 진학을 목적으로 운영되는 '김나지움Gymnasium', 오늘날 우리의 교육체제에 비추어 보면 고등학교다. 니체의 이 강연은 참으로 특이한 형식을 취하고 있다. 그는 누군가가 나누는 대화를 청중에게 전달하는 방식을 취하고 있으며, 그 대화에 니체 자신이 가끔씩 끼어들고 있기 때문에 독자로서는 가끔씩 혼란을 느낄 때가 있다. 그 점에 관한 한 당시의 청중들도 마찬가지였을 것이다. 강연의 서두에서 니체는, 우리 교육기관이 장차 어떤 모습을 갖추어야 하는가 하는 문제는 자신이 감당하기 어려울 만큼 복잡하고 어려우며, 따라서 어쩌다가 우연한 기회에 들은 좋은 이야기를 전달하겠다는 식으로 강연을 시작한다. 니체가 등장시키고 있는 대화의 두 인물은 노년의 애지자愛知者—소크라테스를 연상시키는 희랍적 의미에서의 '지혜를 사랑하는 사람philosophos'—와 중년의 고등학교 교사다. 그 두 사람은 사제지간으로서, 당시의 학교교육 현실에서 환멸을 느낀 교사가 직장을 그만둘 요량으로 예전의 선생을 찾아가 얘기를 나눈다. 니체는 우연히 자신의 오랜 친구와 함께 그 두 사람의 대화를 엿듣게 되며, 가끔씩 그 대화에 끼어들어 이것저것 묻기도 한다. 이 것으로 볼 때 니체는 일종의 '모노드라마' 형식의 강연을 하려고 했던 것으로 보인다. 필자가 보기에 니체가 취하고 있는 강연 형식에 가장 가까운 글은 플라톤의 대화편 『향연』과 『파이드로스』다. 말하자면 니체는 플라톤의 그 두 대화편처럼 글을 쓰고, 그것을 사람들 앞에서 읽고 있는 셈이다. 그러니 그 강연을 듣는 사람도, 지금 그의 글을 읽는 사람도 혼란스러울 수밖에 없다.

강연 전체를 통해 니체가 활용하고 있는 가장 중요한 구분은 '문화와 교육을 위한 기관'과 '생활의 필요 충족을 목적으로 하는 기관'이다. '문화와 교육'으로 번역된 독일어 단어는 'Bildung'이다. 이 독일어 단어는 영어의 'culture'와 'education', 우리말의 '문화'와 '교육'을 한꺼번에 가리키기 때문에 마땅한 번역어를 찾을 수가 없다. 독일어에도 우리말의 '문화'와 '교육'에 해당하는 단어가 없는 것은 아니다. 'Kultur'와 'Erziehung'이 그것이다. 강연에서 니체는 그 세 단어—Bildung, Kultur, Erziehung—를 모두 사용하고 있다. 억지로 단어를 만들자면, 'Bildung'은 '문교文教'로 번역할 수 있을 것이다.

니체가 보기에, 그리고 아마도 당시의 독일 지성인들이 생각하기에, 문화는 교육의 결과로서, 교육은 문화의 수준을 결정한다. 또한편, 'Bildung'이라는 독일어 단어는 역시 '문교'로 번역될 수 있는 희랍어 '파이데이아paideia'와 의미상 거의 동일하다. 이 점에서 '생활의 필요 충족을 목적으로 하는 기관'에 대비되는 개념으로서 '문화와 교육을 위한 기관'은 '희랍의 교육 이념을 목적으로 하는 기관' 또는 '자유교육의 이념을 실현하기 위한 기관'으로 바꿀 수 있다. 니체는 애지자의 입을 빌어 다음과 같이 말한다(ZB 제4강).

내가 아는 여러 대립 중에서 가장 근본적인 대립은 이것이네. 한편으로 문화와 교육을 위한 기관, 다른 한편으로 생활의 필요 충족을 목적으로 하는 기관의 대립이 그것이네.

명심하게, 친구. 다음 두 가지를 혼동해서는 안 되네. 인간은 살기 위해, 생존을 위한 투쟁의 장에서 싸우기 위해 많은 것을 배워야 하지. 그러나 개체로서의 인간이 생존을 위해 배우고 행하는 모든 것들은 교육과 아무런 관련이 없어. 교육은 생존을 위한 배움과는 전혀 다르다고 보아야 해. 무엇보다도 교육은 자연적 필연과 생존을 위한 투쟁과 육체적 갈망이 지배하는 세계 위에 걸려 있는 층위 또는 영역에서 시작된다네.

친구여, 다음의 두 가지, 즉 한편으로, 진정한 교육, 고상한 걸음걸이와 까다로운 성격의 소유자인 천상의 여신과, 다른 한편으로, '교육'이라고 부르는 소리를 심심치 않게 듣는 가짜 교육, 생활과 생계와 필요를 충족하는 데에 지적인 면에서 봉사하고 조언하는 유능한 하녀를 혼동해서는 안 되네. 높은 지위와 풍족한 의식주의 획득을 목적으로 하여 이루어지는 이런저런 활동을 '교육'이라고 부르는 사람이 있기는 하지만, 그것은 교육이 아니야. 문화를 더욱 고상한 것으로 만드는 데에 목적을 두는 교육, 우리가 알고 있는 그런 의미에서의 교육이 아니란 말일세.

　니체에 의하면, 학교가 나아갈 방향은 '생활의 필요 충족을 목적으로 하는 기관'이 아니라 '문화와 교육을 위한 기관'이다. 학교가 그 방향으로 나아가야 한다는 것은, 희랍 비극 전문가인 니체의 관점에서 보면, 자유교육이 지향하는 삶, 희랍인의 삶에 가깝게 만들어야 한다는 뜻이기도 하다. 그렇다면 현실의 학교는 어떠한가? 니체의 어투를 한 번이라도 접한 사람이라면 누구든지 짐작하겠지만, 그의 대답은 단호하다. 그에 의하면, 현실의 학교는 오직 '생활의 필요 충족을 목적으로 하는 기관'으로 타락하였으며, 앞에서 언급한 중년의 학교 교사가 교직에서 느끼는 환멸은 바로 그것에서 비롯되었다. 그러나 물론, 종교의 경우에 대해서와 마찬가지로, 현실의 학교에 대한 니체의 거부반응은 그것에 대한 신뢰의 크기를 반증하는, 그의 독특한 수사학적 표현이라고 보아야 한다. 물론 모든 경우에 그가 그런 식의 독특한 수사학을 활용하는 것은 아니다. 필자가 생각하기에, 그의 독특한 수사학은 대체로 신과 종교와 학문과 예술과 학교에 한하여 활용되고 있다.

　니체는 중년의 교사의 입을 빌어 현실의 학교가 타락한 이유, 그리고 현실의 교사가 고통을 겪는 이유를 다음과 같이 말하고 있다 (ZB 제1강).

　　제가 보기에, 오늘날 우리의 교육기관이 떠밀려 가고 있는 방향은 크게 두 가지로 구분될 수 있습니다. 이 두 물줄기는 표면상으로는 정반대로 흐르고 있는 것처럼 보이지만, 교육을 파멸의 길로 내몰고 있다는 점에서 다르지 않으며, 그 마지막 지점에서는 한 곳에서 합류합니다. 한편으로, 어떻게든 교육의 대상을 확대하고 확장하려는 충동이 만들어 낸 물줄기가 있는가 하면, 다른 한편으로, 교육 본연의 기능과 역할을 어떻게든 축소하고 약화하려는 충동이 만들어 낸 물줄기가 있습니다. 이유를 불문하고 모든 계층, 모든 사람에게 교육받을 기회가 제공되어야 한다는 것, 이것이 바로 전자의 물줄기가 흐르고 있는 방향입니다. 그런가 하면 다른 한편에서는 교육에 또 다른 기대를 걸고 있습니다. 이 물줄기는 교육으로 하여금 본래의 과업, 어떤 것보다도 더 소중하고 고귀하고 가치 있는 기능과 역할을 포기하고, 그 대신에 여타의 삶의 형식의 도구가 되라고, 예를 들어, 국가의 이익에 봉사하라고 강요합니다.

앞의 인용문에는 근대 학교교육이 안고 있는 두 가지 근본 문제와 그것에 대한 니체의 대답이 제시되어 있다. 첫째, 모든 사람이 교육을 받아야 하는가 하는 문제, 둘째, 교육과 여타의 인간 활동은 어떤 관련을 맺어야 하는가 하는 문제가 그것이다.

첫 번째 문제에 대해 니체는 모든 사람이 교육을 받을 필요도 없고, 모든 사람이 교육을 잘 받을 수 있는 것은 더욱 아니라는 입장을 밝히고 있다. 인간에게는 누구나 나름의 타고난 재능이 있으며, 교육을 잘 받을 수 있는 재능을 가진 사람이 그 재능을 탁월하게 발휘할 기회를 주는 것이 학교의 역할이라는 것이다. 공부에 아무런 뜻이 없는 사람까지 교육하려 드는 것은 학교교육의 수준을 낮추고,

교사를 힘들게 할 뿐이다. 니체는 애지자의 입을 빌어 다음과 같이 말한다(ZB 제3강).

> 대중교육이 우리의 목적이 될 수는 없어. 우리의 목적은 특출한 능력을 가진 인간, 위대하고 영속적인 과업을 수행하기에 적합한 인간, 바로 그런 인간을 교육하는 데 두어야 해. 이 자리에서 새롭게 알게 된 사실이네마는, 제대로 교육받은 후손이라면, 고독 속에서 한 시대를 살다 간 위대한 영웅이 존재했는지, 그 영웅이 인정받고 격려받고 존중받는 분위기였는지 아니면 외면당하고 무시당하고 박해받는 분위기였는지에 따라, 오직 그것만을 준거로 삼아, 철저하게 그리고 전적으로 그것에만 의존하여 한 민족이 행한 교육의 전체적 수준을 판단할 걸세.

대중교육에 대한 니체의 입장은 『국가론*Politeia*』에 제시된 플라톤의 그것과 거의 완전하게 일치한다. 그리고 바로 이 점에서, 플라톤의 경우와 마찬가지로 니체 역시 교육에 대해 귀족주의적, 엘리트주의적 견해를 가지고 있다는 비판을 받아 왔다. 그러나 과연 그 두 사람의 교육에 대한 견해가 오로지 비판만 받아야 하는지는 의문이다. 필자가 보기에 그 주장은 오늘날 우리에게도 여전히 의미를 가진다. 우선 그 주장은 '교육을 잘 받을 수 있는 재능을 타고난 아이만 골라 처음부터 교육해야 한다.'는 뜻으로 해석될 수 없다. '처음부터'가 '아이가 막 태어난 시점'을 가리킨다면, 그런 아이를 고르는 일은 원칙상 불가능하기 때문이다. 교육의 기회는 누구에게나 주어져야 한다. 민주주의 사회라면 더욱 그렇다. 그러나 교육의 과정에서 탁월한 성취를 보이는 아이에게 더 좋은 교육을 받을 기회를 제공하는 것, 다시 말하여 선발과 지원의 기능 또한 그에 못지않게 당연한 것으로 인정되어야 한다.

'교육기회의 평등을 넘어 교육결과의 평등을 추구해야 한다.'고 주장하는 사람들이 있다. 필자가 생각하기에, '교육기회의 평등'은 당연히 존중되어야 하며, 노력 여하에 따라 상당한 정도로 실현 가능하다. 그러나 '교육결과의 평등'에 관한 한, 필자로서는 그것이 실현된 상태를 상상할 수 없고 그것을 위해 어떤 노력을 기울여야 하는지도 상상할 수 없다. 무엇보다도 그런 말을 입에 올리는 비현실적, 정치적 인간의 의식 속에 자리잡고 있는 지식의 의미, 그리고 교육받은 상태와 교육받은 인간의 모습이 어떠한지를 생각해 보면, '끔찍하다'는 말로는 어이없이 부족하다.

두 번째 문제, 교육과 여타의 인간 활동은 어떤 관련을 맺어야 하는가 하는 문제에 대해 니체는 단호한 입장을 견지하고 있다. 그가 보기에 교육은 여타의 인간 활동에 봉사하는 도구가 아니라 수호해야 할 고유의 영역을 가진 활동이다. 그 영역에서 추구되는 가치는 한마디로 말하여, 소크라테스가 신으로부터 받은 명령인 '애지자로서의 삶을 살라. 너 자신과 다른 사람을 검사하라.', 그리고 그것과 다르지 않은 것으로서 니체가 다음의 인용문에서 언급하고 있는 '지적 양심'의 준수다.

종교인 중에는 이성을 증오하는 사람들이 있다. 나는 그런 그들을 비난할 마음이 전혀 없다. 왜냐하면 그렇게 함으로써 그들은 자신들이 지적으로 양심적이지 못하다는 사실을 스스로 폭로하고 있기 때문이다. 로마의 시인 호라티우스Horatius의 말대로 우리는 지금 '부조화를 조화로 받아들여야 하는 사태rerum concordia discors; discordant concord of things', 확실한 것은 아무것도 없고 이것인지 저것인지 도무지 알 수 없는 존재들로 가득 찬 세상의 한가운데 서 있다. 이런 세상에 살면서 우리를 둘러싼 불확실하고 애매한 존재들에 대해 '질문을 제기하지 않는 것', 질문제기 행위에 수반되는 열망과 환희에 몸서리치지 않는 것, 질문을 제기하는 사람에 대해 적대감조차 느끼지 않는 것, 아니 그 이상으로 질문을 제기하는 사람에 대해 쓸쓸한 미소를 짓는 것, 내가 '경멸할 만하다'라고 느끼는 것은 바로 이것이며, 내가 대다수의 사람들을 만났을 때 가장 먼저 느끼는 감정이 바로 이것이다. 세상의 많은 바보들은 인간이라면 누구든지 그런 느낌을 준다면서 나를 설득하려 들지 모르겠다. 바로 그렇기 때문에 인간이라는 것이다. 다른 사람은 어떤지 모르겠으나 나는 그렇게 사는 것은 부정의不正義 외에 다른 것이 아니라고 믿는다(FW 2).

니체는 독일어에 대한 애정이 각별했던 것으로 알려져 있다. 그 사랑은 여타의 언어에 비해 독일어가 우월하다는 뜻에서의 편애가 아니라, 민족의 정신을 다음 세대에 전달하는 도구요 현재 그 나라의 문화와 교육의 수준을 보여 주는 징표이자 그 수준을 더욱 높은 데로 끌어올리는 도구, 모국어로서의 독일어에 대한 사랑이다. 니체는 애지자의 입을 빌어 모국어의 중요성을 다음과 같이 역설하고 있다. "경건한 자세로 모국어를 대하라."는 니체의 경고는 한국어를 모국어로 사용하는 우리 한국인을 향한 경고이기도 하다.

경건한 자세로 모국어를 대하라! 모국어를 올바르게 사용하는 것이 자신의 성스러운 의무임을 알지 못하는 사람이라면, 높은 수준의 교육에 입문하기 위한 최소한의 자격요건조차 갖추지 못했다고 보아야 한다. 당신이 예술을 얼마나 존중하는지 혹은 얼마나 경시하는지가 드러나는 곳, 당신이 예술과 얼마만큼 가까이 지내며 살고 있는지가 확인되는 곳, 그곳은 바로 당신이 모국어를 사용하는 매 순간이다. 오늘날 언론계에 만연되어 있는 해괴한 용어나 말장난을 접했을 때, 속에서 실지로 구역질이 나는 것을 경험하지 못한 사람이라면 더 교육받겠다는 생각을 즉각 포기해야 마땅하다. 바로 이곳, 당신과 하나라고 해도 좋을 만큼 가까운 곳, 당신이 말을 하고 글을 쓰는 매 순간이야말로, 오늘날 교육받은 사람이 짊어진 과업이 얼마나 어려운지, 얼마나 지대한지 보여 주는 징표요, 많은 사람들이 제대로 된 교육을 받는 것이 어째서 불가능한지 보여 주는 징표다(ZB 제2강).

앞에서 언급한 바와 같이 학교를 주제로 한 니체의 강연은 학교교육의 현실에서 환멸을 느낀 중년의 교사가 교직을 그만둘 요량으로 옛 스승을 만나서 나누는 대화를 전달하는 형식을 취하고 있다. 전체적으로 말하여 중년의 교사가 느끼는 환멸은 학교가 '생활의 필요 충족을 목적으로 하는 기관'으로 변질되어 가고 있다는 데서 오는 불만 섞인 자조감이라고 보아야 한다. 그런 교사에게 니체는 그의 스승의 입을 빌어 학교로 돌아가 아이들을 열심히 가르치라고 조언한다. 니체가 보기에 그렇게 하는 것만이 학교가 본래의 모습, '문화와 교육을 위한 기관'으로서의 모습을 조금이라도 지킬 수 있는 길이며, 모국어와 민족의 정신을 지킬 수 있는 길이며, 나아가서는 니힐리즘으로부터 인간성, 인간의 인간다움을 지키는 길이기 때문이다.

원숭이와
인간 사이

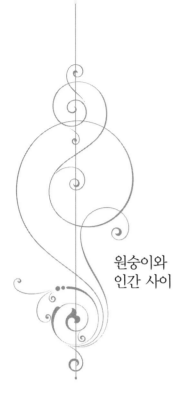

원숭이와
인간 사이

원숭이와 인간 사이

니체가 가장 치열하게, 그리고 가장 오랫동안 전쟁을 치렀던 인물은 바울Paulos, cir. 10~67과 헤겔G. W. F. Hegel, 1770~1831과 다윈C. Darwin, 1809~1882이다. 사실상 이 세 사람은 니체의 '전쟁 수칙'에 잘 부합하는 인물이었으며, 니체가 실지로 죽도록 미워한 인물이었다. 니체는 말한다.

나의 전쟁 수칙은 다음 네 가지 명제로 요약될 수 있다. 첫째, 나는 승리의 찬가를 부르고 있는 주장만을 공격한다. …… 둘째, 나는 내 편에 서는 사람을 찾을 수 없는 주장, 그리하여 나 혼자 저항하는 주장, 급기야 나 혼자 궁지에 몰리게 되는 주장만을 공격한다. …… 셋째, 나는 결코 개인을 공격하지 않는다. 온 세상에 퍼져 있는 대재앙의 씨앗, 그럼에도 은밀하게 세력을 뻗치는 까닭에 정체를 파악하기 어려운 그것을 가시권에 들여놓기 위해, 나는 개인을 강력한 확대경으로 이용할 뿐이다. …… 넷째, 나는 내가 공격하고

자 하는 것에 대한 온갖 사적인 불만을 완전히 배제한 이후에, 이런 저런 나쁜 경험을 생각의 배후에서 완전히 지운 이후에 비로소 공격을 감행한다(EH I, 7).

바울에 대한 니체의 공격은 『반기독교도』(A)라는 별도의 책이 필요했을 만큼 집요하게 이루어졌다. 그에 의하면, 바울은 예수가 인류에게 전한 '기쁜 소식福音'을 '나쁜 소식禍音'으로 바꾼 인물이다. 바울이 전한 소식에 의하면, 첫째, 예수는 우리를 죄로부터 구하기 위해 이 땅에 태어났으며, 둘째, 그 일을 완성하기 위해 우리를 대신하여 십자가에서 죽었으며, 셋째, 그것을 사실로 믿으면 우리는 '저 세상에서' 지복至福을 누린다. 이것이 어째서 '나쁜 소식'인지를 온 세상 사람들이 알게 된 것은 바울이 죽은 후 천 년도 훨씬 더 지나서였다. 기독교 안의 인물로 한정하여 말하면, 그 '나쁜 소식'을 완성한 사람은 칼뱅이라고 볼 수 있겠지만, 그 바깥까지 영역을 넓혀서 말하면 그 사람은 다윈, 원숭이의 위대한 후손이다.

다윈이 바울의 '나쁜 소식'을 과학의 세계에서 완성했다면, 헤겔은 그것을 사변의 세계에서 완성했다. 필자가 생각하기에, 이 세 사람(바울, 헤겔, 다윈)의 생몰 연대를 제쳐 두고 그들의 사고방식이나 결과물로 판단해 보면, 헤겔은 바울과 다윈을 절묘하게 결합한 사람, 과학이 신의 권위를 압도하고 있는 근대 이후의 시대조류에 편승하면서도 여전히 막강한 힘을 보유하고 있는 바울의 후예들의 눈에도 크게 거스를 것이 없는 묘안을 찾아낸 '지혜로운' 인간이다.

니체는 바울, 헤겔, 다윈과 치열한 전쟁을 벌이는 한편, 바울이

전한 '나쁜 소식'이 우리의 문화와 교육에 가져다 준 질병을 치유하기 위한 '좋은 소식'을 차라투스트라의 입을 빌려 우리에게 전하고자 하였다. 이 글에서 고찰하고자 하는 '초인'과 '영겁회귀'는 차라투스트라가 전하고 있는 '좋은 소식'의 제목으로서, 니체가 말하고자 했던 좋은 소식의 방향으로 우리의 시선을 안내하는 상징이요 표지판이다.

    차라투스트라는 군중을 향해 이렇게 말했다. "나는 너희에게 '초인'에 대해 가르치고자 한다. 인간은 극복되어야 할 존재다"(Z V, 3).

    니체가 말하는 차라투스트라는 누구인가? 우리는 …… 다음과 같은 공식을 그 질문의 대답으로 제시할 수 있다―차라투스트라는 동일한 것의 영겁회귀永劫回歸를 가르치는 교사이며, 초인超人에 대해 가르치는 교사다. 그러나 또 한편 …… 그 적나라한 공식 이상으로 분명하게 알게 되었다고 볼 수 있는 것이 있다. 차라투스트라는 두 가지 상이한 내용을 가르치는 교사가 아니라는 점이 그것이다. 차라투스트라가 초인에 대해 가르치는 교사인 것은 그가 영겁회귀를 가르치는 교사이기 때문이다. 그러나 그 역도 마찬가지로 참이다. 즉, 차라투스트라가 영겁회귀를 가르치는 교사인 것은 그가 초인에 대해 가르치는 교사이기 때문이다(H 426).

차라투스트라는 누구인가

필자가 생각하기에, 니체의 글을 전체적으로 파악하는 일은 어려운 그림 맞추기 놀이를 하는 일과 같다. 그는 우리에게 한 무더기의 그림조각을 쏟아 놓았다. 그리고 놀이의 재미를 극대화하기 위해 여러 가지 함정을 파 놓았다. 조각의 갯수가 많은 것은 말할 것도 없고, 그 크기가 천차만별이다. 니체의 글에 거의 아무런 관심이 없는 사람이라도 알고 있을 만큼 큰 조각, 대로변의 간판보다도 더 큰 조각이 있는가 하면, 현미경을 들이대지 않으면 보이지 않을 만큼 작은 조각도 있다. 그러나 그림 맞추기에 어느 정도 재능이 있는 사람이라면 이 정도의 함정은 얼마든지 극복할 수 있다. 사실 그것은 함정이라고 보기도 어렵다.

니체는 그림 맞추기에 뛰어난 재능을 가진 사람이라도 쉽게 극복하기 어려운 두 개의 큰 함정을 파 놓았다. 한편으로, 그림 맞추기를 하는 사람들은 그 조각의 양에 관계없이 자신 앞에 놓여 있는 낱낱의 조각이 어딘가에 사용되고, 그리하여 하나의 그럴듯한 그림을 완성하는 데 어떤 식으로건 기여하리라 생각한다. 필자가 생각하기에 니체는 그림을 맞추는 데 불필요한 조각, 오히려 방해가 되는 조각을 엄청나게 쏟아 놓았다. 이 함정을 파는 데는 히틀러와 나치의 열렬한 동조자였던 그의 여동생이 한몫을 담당했다고 볼 수 있다. 그러나 이보다 더 큰 함정으로서, 니체는 그림 맞추기를 하는 데 없어서는 안 되는 결정적인 조각을 우리에게 내놓는 대신, 몇 가지 단서만을 제시하고 있다. 그 단서를 활용하여 인류의 지적 전통을 뒤지고, 그 안에서 꼭 필요한 조각을 찾으라고 요구하고 있는 것이다. 니체의 글을 전체적으로 파악하는 일의 어려움 또는 즐거움의 원천은 바로 이 두 가지 함정이다. 세상 인심에는 묘한 구석이 있어서 함정을 만들어서 우리를 괴롭히는 니체와 같은 고약한 사람을 널리, 그리고 더 오래도록 기억한다.

니체가 파 놓은 두 가지 커다란 함정 중에서, 전자를 언어 과용의 함정이라고 부른다면, 후자는 지독한 불친절의 함정이라고 부를 수 있을 것이다. 이 두 가지 함정 모두 그림 맞추기를 하는 사람에게 치명적인 위협을 가한다는 데는 두말할 나위가 없다. 그럼에도, 위에서 언급한 바와 같이, 언어 과용의 함정보다는 불친절의 함정이 더 큰 위협이다. 만약 언어 과용의 함정만 있다면, 그것은 엄청난 끈기와 어느 정도의 지혜로 극복할 수 있다고 보아야 한다. 그러나 언어 과용의 함정과 불친절의 함정이 동시에 있는 경우, 해결의 시급함이나 중요성의 정도에 있어서, 그리고 상상력과 창의력을 필요로 하는 정도에 있어서, 후자는 전자를 압도한다. 왜냐하면 불친절의 함정을 해결하지 않는 한 언어 과용의 함정은 찾을 수도, 찾을 필요도 없기 때문이다. 사실상 불친절의 함정을 극복하고 나면 언어 과용의 함정은 이미 덮은 것이나 다름없다. 그리고 없는 것을 만들어 내는 일이 불필요한 것을 치우는 일보다 더 큰 즐거움을 가져다 준다는 것 역시 두말할 나위가 없다.

앞에서 언급한 바와 같이 '초인'과 '영겁회귀'는 바울이 전한 '나쁜 소식'을 대치하기 위해 차라투스트라의 입을 빌려 니체가 전하고자 하는 '좋은 소식'의 제목이다. 역시 니체는 '초인'과 '영겁회귀'

가 무엇인지를 알고자 하는 사람이라면 누구라도 피할 수 없는 어마어마한 크기의 함정을 파 놓았다. 이 함정이 바로 그 지독한 불친절의 함정이다. 그리고 이 함정을 피해 가기 위해서는 니체가 제시한 몇 가지 단서를 활용하여 그가 내놓았어야 할 그림판 자체의 일부를 만들고 그 안에 들어갈 그림 조각도 찾아야 한다. 그 일에 착수하기 위해서는 무엇보다도 먼저, 차라투스트라는 누구인가 하는 문제를 해결해야 한다.

「니체가 말하는 차라투스트라는 누구인가」(1967)라는 제목의 글에서 하이데거는 이 문제를 본격적으로 취급하고 있다. 그러나 제목에서 가지게 되는 기대와는 달리, 그 글에서 하이데거가 내놓고 있는 대답은 약간 실망스럽다. 그에 의하면, 차라투스트라는 초인의 대변자요 영겁회귀를 가르치는 교사다. 다만, 그 글에서 하이데거는 초인과 영겁회귀가 니체의 사상을 이해하는 데 중요한 위치를 차지한다는 점, 그리고 앞의 인용문에 제시되어 있는 바와 같이, 양자가 개념상의 관련을 맺고 있다는 점을 밝히고 있다. 말하자면 그는 초인과 영겁회귀 바로 앞에 니체가 파 놓은 불친절의 함정이 있으며, 그 양자를 한꺼번에 해결하지 않는 한 그 함정을 피할 수 없다고 말해 주고 있는 셈이다.

알려진 바와 같이 '차라투스트라'는 이란의 예언자이자 '조로아스터교'의 창시자인 '자라수슈트라Zaraθuštra'(고대 이란의 아베스타어)의 독일어식 표기다. 그리고 '조로아스터Zoroaster'는 그것의 영어식 표기다. 그렇다면 초인과 영겁회귀라는 두 개념으로 대표되는 차라투스트라의 가르침은 조로아스터교의 기본 사상과 밀접한 관련이 있다고 보아야 할까? 그야말로 아무런 관련이 없다고는 할 수 없겠지만, 그렇다고 하여 양자가 밀접한 관련을 맺고 있다고 볼 수 없다는 것이 대체적인 견해인 듯하다. 양자 사이에 관련이 있다면 관련의 강도는 한편으로 차라투스트라의 가르침과, 다른 한편으로 기독교나 불교 등의 기본 사상 사이의 관련의 강도를 크게 넘지 못한다. 니체는 조로아스터교라는 종교의 창시자를 자신의 대변인의 이름으로 삼은 셈이다. 이 점에서 '차라투스트라'는 니체가 흠모했던 소크라테스나 예수, 그리고 석가모니는 말할 것도 없고, 그들과 마찬가지 방식으로 인류를 올바른 방향으로 이끌기 위해 일생을 바친 위대한 사람들, 나아가서는 그들과 성격상 유사한 방식으로 학생을 올바른 인간으로 키우기 위해 소리 없이 헌신해 온 이 세상의 정결하고 반듯한 교사들을 통칭하는 개념이라고 볼 수 있다. 그리하여 『차라투스트라는 이렇게 말했다』라는 책의 제목은 '소크라테스, 석가모니, 예수는 이렇게 말했다'로 읽어도 틀리지 않으며, 그 범위를 아주 약간만 확대하자면 '위대한 교사들은 이렇게 가르쳤다'라고 바꾸어 읽어도 크게 문제될 것은 없다.

> 인류가 실현해야 할 목적은 종착점에 있는 것이 아니라 지금까지 등장한 최고의 표본들 속에 있다(U II, 9).

여기에 대해서 어떤 사람은 다음과 같은 두 가지 질문을 제기할지 모른다. 첫째, '차라투스트라'가 소크라테스, 석가모니, 예수를 포함하여 그들을 본받고자 했던 위대한 교사를 통칭하는 개념이라는 앞의 견해를 받아들인다 하더라도, 예수나 석가모니나 소크라테스가 아니라 어째서 차라투스트라인가? 이 의문에 대한 해답의 단서는 차라투스트라가 창시한 '조로아스터교'를 '배화교拜火教'라고도 부른다는 데서 찾을 수 있다. 조로아스터교가 불을 숭배한다는 것은 삼척동자라도 알고 있을 만큼 유명하다. 그 숭배의 세부 내용이 무엇인지를 논외로 하면 그렇게 말할 수 있다. 한편, '불'이라는 이미지는 즉각적으로 우리의 머릿속에 위대한 사상가 한 명을 떠올리게 한다. 소크라테스 이전의 가장 위대한 사상가라고 말해도 전혀 손색이 없는 헤라클레이토스Herakleitos, cir. 540~480 BC가 그 사람이다. 그는 말한다.

> 질서정연한 우주kosmos, 만물에게 공평무사한 이것은 신들이나 인류에 의해 창조된 것이 아니다. 그것은 과거에도 존재했고, 현재에도 존재하며, 미래에도 존재하는 것—영원히 타오르는 불, 척도에 따라 타오르고 척도에 따라 사그라지는 불이다(fr. 30).

사실상 헤라클레이토스는 어마어마한 광기狂氣에 휩싸인 인간, 기괴하고 으스스한 기운이 감도는 인간, 세계 전체를 놀이터로 삼아 모든 사람에게 농담을 건넨 인간으로, 사람들로부터 '스코테이노스 skoteinos', 즉 '어두운 인간'이라 불렸다. 필자가 생각하기에, 『차라투스트라는 이렇게 말했다』는 『스코테이노스는 이렇게 말했다』로 바꾸어 읽는 것이 니체의 본래 의도에 더 부합한다. 희랍어와 고전에 능통한 니체가 헤라클레이토스를 만났을 때 그는 이렇게 외쳤을 것이다. "그를 보자마자 내게 발이 자라고 날개가 돋았다"(U III, 2). 어느 글에선가 니체는 스피노자B. de Spinoza, 1632~1677의 글을 보았을 때 그와 비슷한 감동을 받았다고 밝히고 있다. 니체의 찬양으로 미루어 보아, 스피노자도 스코테이노스임에 틀림없는 모양이다.

　나는 ['영겁회귀'라는] 이 아이디어를 옛날 사상가들의 글에서 보았다(WM 1066).

　'영겁회귀'라는 교의, 즉 만물은 정해진 경로를 따라 무조건적으로, 그리고 무한히 순환한다는 교의, 차라투스트라가 말한 이 교의는 옛날 희랍의 헤라클레이토스가 이미 가르쳤다고 보는 편이 옳을 것이다. 적어도 스토아학파가 그 한 가지 증거다. 자신들의 주된 사상의 거의 전부를 헤라클레이토스에게 물려받은 그들에게서 우리는 그 교의의 흔적을 찾을 수 있다(EH GT, 3).

『차라투스트라는 이렇게 말했다』라는 책의 제목은 『스코테이노스는 이렇게 말했다』로 바꾸어도 무방하다는 필자의 주장에 대해 제기될 수 있는 두 번째 질문은 그들의 가르침의 일반적 성격과 특징은 무엇인가다. 이 질문은 그들이 가르치는 내용인 '초인'과 '영겁회귀'가 무엇인지 밝혀진 이후에라야 대답이 가능하다고 볼 수도 있지만, 그들의 가르침의 일반적 성격과 특징을 먼저 확인하는 것이 '초인'과 '영겁회귀'를 이해하는 데 도움이 된다고 보아도 틀리지 않다. 후자와 같은 입장을 취할 수 있는 것은 니체가 위대한 교사, 차라투스트라의 가르침의 일반적 성격과 특징을 상세하게 고찰하고 있기 때문이다. 그 고찰이 본격적으로 이루어지고 있는 곳은 『반시대적 고찰』(U)의 제3권으로 포함되어 있는 『교육자로서의 쇼펜하우어』다. 제목만으로 보면 이 책에서는 쇼펜하우어A. Schopenhauer, 1788~1860의 사상과 가르침이 상세하게 취급될 것으로 보이지만, 사실은 그렇지 않다. 누군가를 공격할 때와 마찬가지로, 누군가를 칭찬할 때도 니체는 '개인을 강력한 확대경으로' 이용하고 있다. 그는 쇼펜하우어를 확대경 삼아 위대한 교사, 차라투스트라, 스코테이노스의 가르침의 성격과 특징을 제시하고 있다.

니체는 위대한 교사 중의 대표자로서 소크라테스와 예수, 그중에서도 소크라테스를 꼽았다. 그런 만큼 위대한 교사 차라투스트라의 가르침은 소크라테스의 가르침과 다를 수 없다. 알려진 바와 같이, 소크라테스는 델포이 신전의 현관 기둥에 새겨져 있었다는 '그노티 세아우톤gnothi seauton' ―너 자신을 알라―이라는 신의 명령, 그리고 그것과 다르지 않은 것으로서, 그 신전 안의 무녀巫女가 전한 '애지자로서의 삶을 살라. 너 자신과 다른 사람을 검사하라.'(Apologia, 28e)는 명령을 실천하기 위해 평생을 바쳤다. 니체는 말한다(U III, 1).

너 자신이 되어라! 지금 네가 행하고 생각하고 갈망하는 것은 모두 너 자신의 것이 아니다.

그렇다면 우리는 우리 자신을 어떻게 되찾을 수 있는가? 우리는 어떻게 우리 자신을 알 수 있는가? 인간은 어둡고 베일에 싸인 존재다. 토끼에게 일곱 개의 껍질이 있다면, 인간은 일곱 번씩 일흔 번의 껍질을 벗을 수 있으며, 그러고서도 여전히 다음과 같은 말을 할 수 없다─'이게 진짜 나야, 더 벗을 껍질은 없어.'

니체는 소크라테스가 신으로부터 받은 '너 자신을 알라'는 명령을 '너 자신이 되어라', '너 자신을 되찾으라'로 고쳐 말하고 있다. 그리고 이후에 다른 곳에서 그는 그 명령을 훨씬 멋진 문구로 바꾸었다. '아모르 파티amor fati'가 그것이다.

> 인간 존재의 위대성을 확인하기 위한 나의 공식─'아모르 파티, 네 운명을 사랑하라'. 이것이 아닌 다른 어떤 것을 바라지 않는 사람, 미래에도, 과거에도, 그리고 영원히. 필연적으로 벌어지는 사건을 감내하는 것만으로는 부족하다. 필연성 앞에 선 이상주의는 모두 허구이나니, 그것을 감추는 것은 더욱 부족하다. 오로지 그것만을 사랑하는 사람 …… (EH II, 10).

『교육자로서의 쇼펜하우어』에서 니체는 쇼펜하우어를 확대경 삼아 위대한 교사 차라투스트라, '아모르 파티'를 실천하는 사람의 특징을 세 가지로 요약하고 있다. 정직성, 명랑함, 군건함이 그것이다 (U III, 2).

> 다른 사람을 속이지 마라. 너 자신도 속이지 마라.

내가 쇼펜하우어로부터 받은 인상을 사후적으로 분석해 본 결과, 나는 그것이 세 가지 요소로 이루어져 있음을 알게 되었다. 정직성, 명랑함, 굳건함이 그것이다. 그는 정직한 사람이다. 왜냐하면 그는 자신을 상대로, 자신을 위해 말을 하고 글을 쓰기 때문이다. 그는 명랑한 사람이다. 왜냐하면 그는 참으로 어려운 과업을 자신의 사고를 통해 극복했기 때문이다. 그는 굳건한 사람이다. 왜냐하면 그는 그렇게 살지 않을 수 없기 때문이다. 그의 힘은 위를 향해 일직선으로, 그리고 고요하게 솟아오른다. 바람 한 점 없는 날, 아무런 동요 없이, 조금의 흔들림도 없이 피어오르는 불꽃처럼 말이다.

한편, 니체는 '아모르 파티'를 실천하는 사람, 정직하고 명랑하고 굳건하게 살아가는 사람이 감내할 수밖에 없는 위험, 그런 사람들의 '체질적 위험' 세 가지를 제시하고 있다. 고립과 고독, 진리를 향한 절규, 우수와 동경이 그것이다(U III, 3).

그는 완전한 고독 속에서 살았다. …… 강력한 국가, 정부, 종교, 여론이 있는 곳, 한마디로 전제군주가 지배하는 곳에서 그 고독한 철학자는 멸시를 받았다. 왜냐하면 철학은 어떤 전제군주도 밀고 들어올 수 없는 피난처, 내면의 동굴, 가슴 안의 미로를 제공하기 때문이다. 그것이 바로 전제군주의 비위를 건드린다.

진리를 향한 절규 …… 이것은 칸트 철학을 출발점으로 삼고 있는 모든 사상가들이 달고 다니는 위험이다. …… 쇼펜하우어는 우울한 회의주의와 체념에 찬 비판주의의 나락에 떨어져 있는 우리를 비극적 관조라는 고지로, 우리의 머리 위에 끝없이 펼쳐져 있는 밤하늘과 빛나는 별들로 이끌고 가는 지도자, 그 길의 맨 앞에서 기꺼이 우리를 이끈 사람이었다.

인간은 누구든지 자신이 가진 재능이나 도덕적 의지의 이런저런 한계를 손쉽게 발견하며, 그것으로 말미암아 우수와 동경에 빠지게 된다. 죄책감이 성인聖人에 대한 동경을 마음에 품게 하듯이, 지적인 존재는 자신에게 천재성이 있었으면 하는 간절한 열망을 마음에 품는다.

위대한 교사 차라투스트라, '아모르 파티'를 실천하는 사람들이 어쩔 수 없이 감내할 수밖에 없는 '체질적 위험'을 말하는 가운데, 니체는 희랍−로마 신화에서나 나올 법한 개념을 사용하고 있다. '반신半神'이라는 개념이 그것이다.

[체질적 위험이라는] 그런 끔찍한 조건을 감내하며 살아갈 수 있고, 득의양양하게 살아가는 반신이 언제나 있게 마련이다. 그들의 고독한 노래를 듣고 싶다면, 베토벤의 음악에 귀 기울이기 바란다 (U III, 3).

여기서 니체가 말하는 '반신'은 차라투스트라를 가리킨다고 보아도 틀리지 않을 것이다. 베토벤의 음악에 대한 니체의 몇 가지 언급에 비추어 보건대, 그는 차라투스트라의 '고독한 노래'를 듣기 위해 귀 기울여야 할 베토벤의 음악으로서 교향곡 3번 〈영웅〉이나 9번 〈합창〉을 추천할 것이다. 니체가 찬성할지 어떨지 모르겠으나, 필자가 생각하기에 그 목적을 달성하는 데는 베토벤의 그 두 교향곡보다는 후기 현악사중주가 제격이다.

초인과 영겁회귀

니체는 차라투스트라가 감내해야 하는 위험을 '체질적 위험'과 '시대적 위험'으로 구분하고 있다(U III, 3). 전자는 시대와 장소를 막론하고 '아모르 파티'를 실천하는 모든 차라투스트라가 감내해야 하는 위험인 반면, 후자는 특정 차라투스트라가 속해 있는 그 시대가 가져다주는 위험이다. 근대 이후의 차라투스트라인 쇼펜하우어, 사실상 니체 자신, 나아가서는 근대 이후의 지성인이 감내해야 하는 '시대적 위험'이 무엇인지를 언급하기에 앞서, 한 가지 짚고 넘어가야 할 문제가 있다. '체질적 위험'과 '시대적 위험'의 관계는 무엇인가 하는 문제가 그것이다. 조금 전의 언급에 의하면, 언제나 한결같은 체질적 위험이라는 것이 있고, 시대적 위험은 그때그때 달라지는 것처럼 생각할 수 있다. 그러나 사실 그 말은 거꾸로 받아들여야 한다. 시대에 따라 다를 수는 있지만 언제나 지성인을 괴롭히는 위험이 있으며, 그 위험에 대해 스코테이노스는 소크라테스와 예수가 그러했듯이 부정적 반응을 보이게 되며, 그 반응으로 말미암아 스코테이노스가 안게 되는 위험이 체질적 위험이다. 그 위험 앞에 '체질적'이라는 수식어를 붙이는 것은 스코테이노스는 체질적으로 어쩔 수 없이 냉소적, 부정적 반응을 보일 수밖에 없기 때문이다.

니체가 말하는 근대 이후의 지성인, 스코테이노스가 안고 있는 '시대적 위험'은 크게 세 가지로 분류될 수 있다. 헤겔의 낙관주의적 역사관, 다윈의 진화론, 자본주의와 결합된 민족주의 또는 국가지상주의가 그것이다. 총명하고 의심 많은 사람이라면 이것이 바로 『반시대적 고찰』의 세 가지 주제임을 단번에 눈치 챌 수 있을 것이다. 사실상 이 세 가지 시대적 위험은 니체의 저작 전체에 걸쳐서 다루어지고 있다. 전체적으로 말하여 그 세 가지 시대적 위험이 만들어 낸 결과는 육체적 욕구의 충족을 드러내 놓고 찬양하면서 저급하기 짝이 없는 언어로 서로가 서로의 욕망을 부추기는 야만적 문화다. 손바닥으로 하늘을 가릴 수 없다는 것은 예나 지금이나 다르지 않지만, 개인의 수준에서 보거나 국가의 수준에서 보거나 지폐 한 장이 지구를 가리기에 충분한 그런 세상에 우리가 살고 있는 것이다.

『다비드 슈트라우스: 고백자, 그리고 저술가』(U I)에서 니체는 슈트라우스D. F. Strauss, 1808~1874를 확대경 삼아 다윈의 진화론이 종교를 얼마나 우스꽝스럽게 만들어 놓고 있는지, 그런 사람들 덕분에 우리가 얼마나 저급한 문화 속에서 살고 있는지를 보여 주고 있다. 슈트라우스에 대한 니체의 평은 대체로 다음과 같다—머리 나쁘고, 성실하지도 않으며, 제대로 된 문장을 쓰지 못하는 것은 말할 것도 없고, 그 스타일까지 엉망인 속물, 아니 속물 중의 속물. 키는 작지만 정직한 낭만주의자인 레싱G. E. Lessing, 1729~1781이 이름을 날리는 것은 그렇다 하더라도, 어떻게 이런 형편없는 속물이 쓴 책이 날개 돋친 듯 팔릴 수 있는가? 이런 속물이 인정받는 시대가 '거의' 야만이 아니면 도대체 무엇이란 말인가? 참으로 다행스럽게도, 슈트라우스는 그 책이 출판된 다음 해 2월에 저세상으로 돌아갔다. 생전에 슈트라우스가 그 책을 읽었는지는 알 길이 없다. 만약 읽었다면, 그는 분함을 이기지 못하여 죽어서도 눈을 감지 못했을 것이다.

슈트라우스는 『예수의 생애』(2권, 1835~1836)와 『옛 신앙과 새 신앙』(1872) 등의 인기 있는 책을 저술한 당대의 저명한 사상가로서, 니체가 직접적인 비판의 대상으로 삼고 있는 것은 『옛 신앙과 새 신앙』이다. 대체로 말하여 『예수의 생애』에서 슈트라우스는 헤겔의 정반합正反合의 아이디어를 활용하여 초기 기독교의 형성 과정을 설명하려고 했으며, 『옛 신앙과 새 신앙』에서는 다윈의 진화론을 원용하여 기독교의 세계관을 '재정립'하려고 했다.

> 그는 경탄할 만큼 솔직한 자세로 자신이 더 이상 기독교도가 아님을 천명하고 있다. 그러면서도 자신 때문에 다른 사람의 심기가 조금이라도 불편해지기를 바라지 않는다. 그가 보기에, 어떤 단체를 뒤집어엎기 위해 새로운 단체를 창설하는 것은 모순인 모양이다. 그러나 사실은 어느 편인가 하면 그것은 전혀 모순이 아니다. 그는 모종의 야만적인 쾌감을 느끼면서 원숭이 계보학자의 털 달린 외투를 걸치고 있으며, 다윈이야말로 인류에게 커다란 혜택을 가져다준 인물 중 하나라고 칭송하고 있다(U I, 7).

독자적 생성이라는 교의, 모든 …… 종種의 속성은 유동적이라는 교의, 인간과 동물 사이에 결정적 차이가 있는 것은 아니라는 교의. …… 이것이 다음 세대에게 떠넘겨진다면 …… 장차 세계가 투쟁의 장으로 변모하고 …… 형제가 아닌 자를 강탈하고 착취하기 위해 의형제를 맺는 자가 등장한다 하더라도 …… 전혀 놀랄 일이 아니다(U II, 9).

니체의 관점에서 보면, 종교까지도 진화론적으로 설명하려는 슈트라우스와 같은 사람이 등장하게 된 것은 전적으로 헤겔 덕분이다. 니체는 보지 못했지만 20세기 들어 인간의 가장 숭고한 과업인 교육까지도 진화론적으로, 심지어는 기계론적으로 설명하고 처방하려는 사람들이 등장하게 된 것 역시 헤겔 덕분이라고 보아야 할 것이다. 헤겔은 머지않은 미래에 다윈에게서 확인될 진화론적 사고를 인간의 역사와 정신의 발달에 그대로 적용하여 직선적, 낙관주의적 세계관을 완성한 사람이다. 게다가 그 직선의 맨 끝에 종교적 색채가 다분한 '절대정신'을 놓음으로써 바울조차도 찬양할 만한 세계관을 구축하였다. 사실상 그의 진화론적 세계관에서 신 또는 이념에 해당하는 '절대정신'은 정합성을 가진 그럴듯한 이론체계를 구축하는 데 꼭 필요한 부속물, 인간의 삶에 아무런 힘을 발휘하지 못하는 박제품, 니체의 용어로 디오뉘소스와 분리된 아폴론, 근엄하고 똑같은 표정으로 저기 멀리 멀뚱하게 서 있는 아폴론 동상에 불과하다.

한 번의 도약으로, 한 번의 사활을 건 도약으로 궁극적인 것에 도달하려는 자의 무기력. 더 이상 그것에 도달하려는 바람조차 가지고 있지 않은 자의 가엽고 무지한 무기력. 이 무기력이 이런저런 신과 또 다른 세계를 창조했다(Z I, 3).

원숭이 다음이 인간이라면, 인간 다음에는 무엇이 오는가? 인간이 원숭이 다음이라는 것은 새에게 날개가 달려 있는 것만큼 의문의 여지가 없는 사실인가? 원숭이의 털이 조금씩 빠지고 꼬리가 조금씩 줄어드는 것을 누가 보았는가? 원숭이 다음이기 때문에 인간은 더 나은 존재이며, 인간 다음의 어떤 존재는 인간 다음이라는 바로 그 사실 때문에 인간보다 더 나은 존재인가? 이 마지막 질문에 대해 헤겔이라면 '그렇다'고 대답해야 마땅하지만, 니체는 '전혀 그렇지 않다. 굳이 대답해야 한다면, 오히려 거꾸로다.'라고 말할 것이다.

인간은 자신의 의지에 따라 자유롭게 행동할 수 있다. 그러나 자유의지에 따라 행동했기 때문에 그 행동이 선한 것으로 되는 것은 아니다. 자유의지에 따른 그 행동이 선한가 아닌가 하는 판단의 기준은 그 행동의 '너머에' 있다고 보지 않으면 안 된다. 만약 그렇지 않다면, '나는 내가 하고 싶은 행동을 했고, 그랬기 때문에 그 행동은 선이다.'라는 말을 받아들여야 한다. 만약 그 말을 받아들이게 되면, 무역사적無歷史的 존재, 망각의 피조물, 점과 순간이라는 말뚝에 묶여 있는 동물이 드러내는 일체의 행동은 선이다. 저 푸른 들판에서 한가로이 풀을 뜯는 소와 양을 보라. 저들은 먹고 싶을 때 먹고, 눕고 싶을 때 눕는다. '따라서' 그들의 행동은 선인가? 이 질문에 대해 어떤 사람은 선이라고 할 수는 없더라도, 그렇다고 하여 악은 아니지 않은가 하는 반론을 제기할 수 있다. 그러나 그 반론에 긍정적 대답을 내놓는다 하더라도, 심지어 그들의 행동이 선이라고까지 인정한다고 하더라도, 인간 또한 그들처럼 자유롭게 행동해야 하며, 그렇게 행동하는 것이 선이라고 보아야 하는가 하는 문제는 여전히 남는다. 물론 이 문제에 대해 우리는 그다지 심각하게, 오랫동안 고민할 필요가 없다. 왜냐하면 망각의 피조물이 아닌 기억 능력을 가진 인간, 역사적歷史的 존재인 인간은 동물처럼 살 수도 없고, 적어도 현재의 우리는 그렇게 살고 있지 않다. 역사는 인류의 기억이며, 기억은 역사와 전통을 만들어 내는 인간의 기본적 능력이다.

『반시대적 고찰』의 제2권인 『삶에 있어서 역사의 공헌과 해악에 관하여』에서 니체는 무역사적인 것, 역사적인 것, 초역사적超歷史的인 것이라는 세 가지 구분을 활용하고 있다(U II, 1). 인간의 기본적 속성으로서의 '기억'이 만들어 낸 산물로서의 역사가 인간을 동물로부터 구별 짓는 결정적 특징이라는 데는 이견이 있을 수 없다. 니체가 보기에는 그것이 바로 '삶에 있어서 역사의 공헌'이다. 그러나 역사를 지나치게 강조하는 사람들, 강조하다 못해 국가와 민족의 이름을 빌려 강요하는 사람들이 있다. 진화론적 역사관을 가진 헤겔이 그런 사람이다. 앞에서 필자는 자유의지에 따른 인간 행동의 판단 기준은 그 행동의 '너머에' 있다고 보지 않으면 안 된다고 말하였다. 이제 인간의 역사는 어떠한가? 천 년 전은 만 년 전에 비해, 지금은 천 년 전에 비해 더 좋은 시대인가? 과연 역사는 점차로 좋은 것을 더해 가는 과정, 그리하여 점차로 절대정신에 가까이 가는 과정인가? 이 질문에 대해 헤겔이라면 '그렇다'고 대답해야 마땅하지만, 니체는 '전혀 그렇지 않다. 굳이 대답해야 한다면, 오히려 거꾸로다.'라고 말할 것이다.

인류의 역사는 하나의 예술작품이다. 언제부터인지 알 수 없지만, 인류는 서로를 의지하면서 한 치 앞도 보이지 않는 내일을 향해 오늘 하루를 마지막인 듯 치열하게 살아왔으며, 다음 세대에게, 그리고 또 그다음 세대에게 자신들이 터득한 지혜를 아낌없이 전수하였다. 앞으로도 그럴 것이다. 몸을 가진 유한한 생명체라는 점에서 조금도 다를 것이 없는 인간과 동물을 구별 짓는 결정적 근거가 바로 이것임을 부정할 사람은 아무도 없다. 그럼에도 우리는 여전히 다음과 같은 질문을 제기할 수 있다. 최선을 다했기 때문에, 지금 이것이 최선을 다한 결과물이기 때문에 선인가? 그렇기 때문에 과거에 비해 지금이 더 선한 시대인가? 니체가 보기에 그렇지 않다. 그것을 선이라거나 또는 상대적으로 더 나은 선이라고 보는 것은, 자유의지에 따른 행동이기 때문에 선하다고 말하는 것과 조금도 다를 것이 없다. 니체가 보기에 인간 행동의 경우와 마찬가지로 인류 역사의 선과 악을 판단하는 기준은 그 '너머에' 있다고 보지 않으면 안 된다. 인류의 역사를 판단하는 기준은 그 끝에 있는 것이 아니라 그 '너머에' 있다. 그 끝이 아무리 멀리 있는 끝이더라도 그것은 여전히 역사의 안쪽 끝이다. 국가지상주의와 현세우월주의가 싹트고 자본주의에 바탕을 둔 잔인한 민족주의가 등장하게 된 것, 이것이 바로 헤겔의 진화론적 역사관이 우리의 삶에 가져다 준 해악이다. 니체는 말한다(U III, 4).

근래에 집집마다 설파되고 있는 교의, 인류의 최고 목적은 국가이며 국가에 봉사하는 것보다 더 고귀한 의무는 없다는 교의의 결말을 우리는 경험하고 있다. 이 교의가 내게 보여 주는 것은 우상숭배의 시대로의 퇴행이 아니라 어리석음의 시대로의 퇴행이다.

지금 우리는 가장 야만적이고 사악한 세력, 돈벌이꾼과 군사독재자의 이기주의가 지구상의 거의 모든 것을 좌지우지하는 시대에 살고 있다. 이들 돈벌이꾼과 군사독재자의 손 안에 놓여 있는 국가는 기존의 모든 것들을 새롭게 조직하고, 서로 적대적인 관계에 있는 일체의 세력들을 장악한 후 압력을 행사하게 되어 있다. 말하자면, 국가는 예전에 사람들이 교회를 숭배했을 때의 그것과 똑같은 크기의 숭배를 받기를 원하고 있는 것이다. 얼마나 성공했는가? 머지않아 알게 될 것이다.

인간의 행동과 역사의 선악을 판단하는 기준은 끝이 아니라 그 '너머에' 있다. 니체가 말하는 '초역사적인 것'은 바로 그 '너머에' 있는 기준을 가리킨다. 이 점에 관한 한, 니체는 칸트의 입장을 그대로 수용하고 있는 것으로 보인다. 「세계시민적 관점에서 본 보편사의 이념」이라는 제목의 글(1784)에서 칸트는 다음과 같이 말하고 있다.

인간은 조화를 원한다. 그러나 자연은 그의 종種들에게 무엇이 선인지를 잘 알고 있다. 그리하여 자연은 부조화를 원한다(제4논제).

칸트는 자연과 인간 사이의 이 관계를 '안타고니즘antagonism' (적대관계)이라고 부르고 있다. 앞의 인용문에서 '자연'은 니체가 말하는 '초역사적인 것', 기억과 역사의 '너머에' 있는 것, 그 선악을 판단하는 기준을 가리킨다. 흥미로운 사고실험을 한 가지 해 보자. 앞의 칸트의 말에서 '인간'을 '동물'로 바꾸면 어떻게 될까? 아마 이렇게 될 수 있을 것이다. '동물은 조화를 모른다. 그러나 자연은 그의 종들에게 무엇이 선인지를 알고 있다. 그리하여 자연은 조화를 원한다.' 이 차이가 얼마나 큰지를 확인하기 위해서는 동물과 인간에게서 '행복'이라는 것이 각각 어떻게 규정되는지를 생각해 볼 필요가 있다. 만약 '행복'이라는 것을 쾌감 또는 심리적 만족으로 정의한다면, 동물은 단 한순간도 행복하지 않을 수 없다. 왜냐하면 조화를 모르는 자신에게 자연이 일치를 원하므로, 동물은 어쩔 수 없이 행복하다. 그러나 인간의 경우는 어떠한가? 인간은 조화를 원하지만 자연은 그것을 원하지 않는다. 따라서 인간은, 조화를 원하는 인간일수록, 조화를 원하는 강도가 클수록, 불행과 절망과 좌절을 경험한다. 인간의 삶의 비극적 장면. 아모르 파티.

앞에서 언급한 바와 같이 근대 이후의 지성인, 스코테이노스가 안고 있는 시대적 위험은 크게 세 가지로 분류할 수 있다. 헤겔의 낙관주의적 역사관, 다윈의 진화론, 자본주의와 결합된 민족주의 또는 국가지상주의가 그것이다. 니체가 살았던 18~19세기로 한정하여 말하면, 이 세 가지 시대적 위험의 생산자는 헤겔과 다윈이다. 그러나 니체가 좋아하는 방식을 따라, 헤겔과 다윈을 확대경 삼아 그 시대적 위험의 최초 생산자를 찾아보자. 서양의 지성사를 거슬러 올라가다가 막다른 지점에 도착했을 때 우리는 대중의 번민을 단번에 해결할 손쉬운 해결책을 내놓을 능력을 가진 사람, 당대뿐만 아니라 오래도록 많은 사람의 마음을 사로잡을 만한 묘책을 내놓기에 충분한 재능을 가진 천재를 만나게 된다. 바울이 바로 그 사람이다. 헬레니즘 시대를 산 그가 당대에 했던 일을 생각해 보면, 그는 신과 영혼 중심의 입체적, 순환적 세계관을 평면적, 직선적, 일회적 세계관, 그리고 어쩌면 인간중심적 세계관으로 바꾸어 놓은 사람, 우스갯소리로 원숭이에게도 영혼의 구원을 위해 순교원숭이를 필요로 하게 만든 장본인이다. 근대 이후 지성인 중에서 자타가 공인하는 최강의 스코테이노스인 니체가 어떻게 이런 인간을 용서할 수 있단 말인가? 니체의 관점에서 보면, 바울은 다윈과 헤겔에게 평면적, 직선적 시간관과 낙관주의적 역사관에 입각하여 세계와 인간의 삶을 설명하라고 부추긴 교사자敎唆者까지는 아니더라도 그런 사고방식이 싹틀 수 있는 온상溫床을 제공한 사람이다. 사실상, 당장 눈에 띄는 교사자보다는 온상을 제공한 자가 더 무서운 인간이 아닌가?

근대 이후의 지성인이 안고 있는 '시대적 위험'은 바울이 만들어 놓은 온상에서 무럭무럭 자란 헤겔과 다윈이 만든 위험이다. 니체는 말한다(U III, 4).

우리는 …… 지금도 여전히 중세의 빙하氷河 안에서 살고 있다. 지금까지 그 빙하는 조금씩 해빙되었으며, 지금은 엄청난 파괴력을 보이며 돌진하고 있다. 부빙浮氷이 부빙 위에 쌓이고, 강둑 위로 물이 범람한 지 오래이며, 이제 모든 강둑은 붕괴의 위기에 처해 있다. 혁명—지금 이 시점에서 절대적으로 요구되는 것, 피할 수 없는 것. 그것은 원자적 혁명이어야 한다. 그렇다면 인간 사회를 이루는 기본적 구성물로서 더 이상 쪼갤 수 없는 가장 작은 요소는 무엇인가? [그렇다, 개인이다.]

대체로 국가를 위하여 봉사하는 것을 인간의 가장 고귀한 의무라고 생각하는 사람은 그보다 더 고귀한 의무가 있다는 것을 전혀 알지 못한다. 그러나 그것을 넘어서는 의무가 있으며 그것에 봉사하는 사람이 있다. 내가 보기에 국가에 봉사하는 것보다 더 고귀한 의무가 적어도 한 가지는 있다. 모든 형태의 어리석음을 파괴하라는 요구, 그렇기 때문에 바로 그 어리석음도 파괴하라는 요구가 그것이다.

위의 두 인용문에는 근대 이후 지성인이 안고 있는 시대적 위험과 스코테이노스의 대처 방식이 시적으로 묘사되어 있다. 니체의 말을 한마디로 요약하면, '원자적 혁명을 도모하라. 개개인을 상대로 그들의 어리석음을 파괴하라.'가 될 것이다.

니체는 근대 이후 시대적 위험에 대처하는 방식의 유형에 따라 지성인을 크게 세 가지로 분류하고 있다. 루소형 인간, 괴테형 인간, 쇼펜하우어형 인간이 그것이다(U III, 4). 루소형 인간은 어마어마한 크기의 불을 가진 인간, '폭력적 혁명'을 추구하는 인간, '사회주의자가 도모하는 일체의 지진과 융기' 안에서 발견되는 인간, 그러나 어느 순간 속물로 변질될 가능성이 대단히 높은 인간이다. 그리고 괴테형 인간은 기품 있고 관조적인 성품을 가진 인간, '루소형 인간이 드러내는 위험천만한 흥분을 교정하고 진정시키는' 인간이다. 니체가 이런 인간형에게 건네고 싶은 말은 "당신에게는 까다롭고 신랄한 면이 있습니다. 매우 좋습니다. 그런데 당신이 한 번이라도 크게 화를 내신다면, 정말이지 더 좋을 것 같습니다."이다. 이것은 괴테의 『빌헬름 마이스터의 수업시대』에 나오는 말이다. 끝으로, 쇼펜하우어형 인간은 '진리를 추구하는 데 따르는 고통을 기꺼이 감내하는 인간', 파우스트보다는 차라리 메피스토펠레스에 더 가까운 인간, 한마디로 스코테이노스다. 필자가 생각하기에, 이 세 가지 인간형은 의미의 손상 없이 마르크스형 인간, 칸트형 인간, 니체형 인간으로 바꿀 수 있다.

이상의 논의를 통해 확인된 것은 다음과 같다. 첫째, 차라투스트라는 스코테이노스이며, 둘째, 스코테이노스는 세상을 등지거나 관조하는 사람이 아니라 그 안에 뛰어들어 한 사람 한 사람의 어리석음을 파괴하기 위해 애쓰는 교사다. 이제 마지막 한 가지, 결정적 문제가 남아 있다. 스코테이노스, 차라투스트라가 가르치는 초인과 영겁회귀는 무엇인가 하는 문제가 그것이다. 니체는 이 문제에 해답하는 데 필요한 몇 가지 중요한 단서를 우리에게 제공하고 있다. 앞에서 제시한 니체의 말을 다시 한 번 인용하면,

차라투스트라는 군중을 향하여 이렇게 말했다. "나는 너희에게 '초인'에 대하여 가르치고자 한다. 인간은 극복되어야 할 존재다"(Z V, 3).

'영겁회귀'라는 교의, 즉 만물은 정해진 경로를 따라 무조건적으로, 그리고 무한히 순환한다는 교의, 차라투스트라가 말한 이 교의는 옛날 희랍의 헤라클레이토스가 이미 가르쳤다고 보는 편이 옳을 것이다. 적어도 스토아주의가 그 한 가지 증거다. 자신들의 주된 사상 거의 전부를 헤라클레이토스로부터 물려받은 그들에게서 우리는 그 교의의 흔적을 찾을 수 있다(EH GT, 3).

어디서부터 어떻게 시작해도 미진한 상태로 끝날 수밖에 없겠지만, 일단 스토아주의를 출발점으로 하여 이야기를 시작해 보겠다. 이하, 스토아주의에 대한 해석은 롱A. A. Long의 『헬레니즘 철학: 스토아주의, 에피쿠로스주의, 회의주의』(1986)와 브레트G. S. Brett의 『심리학사』 제1권(1912)의 도움을 받았음을 밝혀 둔다.

알려진 것처럼 스토아주의는 에피쿠로스주의, 회의주의와 더불어 헬레니즘 시대에 등장했던 사상으로서, 당대에 가장 큰 영향력을 행사했으며, 이후 스피노자와 칸트, 그리고 이 글의 주인공인 니체에 이르기까지 수많은 지성인들의 마음을 사로잡았다.

첫째, 시기상으로 보면, 헬레니즘은 알렉산드로스 대왕이 사망한 시점(기원전 323년)에서부터 옥타비아누스가 악티움 해전에서 승리한 시점(기원전 31년)에 이르기까지의 대략 300여 년 동안의 후기 희랍 문명을 가리킨다.

둘째, 시대 분위기로 보면, '인간으로서 어떻게 사는 것이 올바르게 사는 것인가.'라는 문제가 소크라테스로 대표되는 일군의 지성인 집단의 관심거리를 넘어 많은 사람들의 보편적 관심사로 대두되던 시대, 그 질문이 개인적 차원을 넘어서 사회적 의미를 가지게 된 시대, 많은 사람들이 누군가로부터 그 문제에 대해 속시원한 대답을 듣기를 갈망하던 시대다. 스토아주의, 에피쿠로스주의, 회의주의는 그 시대적 분위기에 대한 당대 지성인들의 세 가지 대처 방식이었다. 여기서 두 가지를 언급하고 넘어가고자 한다. 한편으로, 그 세 가지 사상 모두가 소크라테스를 본받으려 했다는 점, 다른 한편으로, 헬레니즘 시대 지성인들의 세 가지 대처 방식과 니체가 제시한 근대 이후 지성인의 세 가지 유형 사이에 상당한 정도로 유사한 면이 있다는 점이다.

셋째, 지성사적 관점에서 보면, 헬레니즘 시대는 바울이라는 천재가 등장하여 스토아주의, 에피쿠로스주의, 회의주의—그중에서도 특히 스토아주의와 결투를 벌인 시대, 머지않아 바울이 만들었다고 보아도 좋은 중세라는 새로운 시대의 등장으로 막을 내린 시대다. 바울은 '인간으로서 어떻게 사는 것이 올바르게 사는 것인가.'라는 문제에 속시원한 대답을 듣기를 원하는 대중 앞에서 스토아주의와 결투를 벌였으며, 그 결투에서 찬란한 성공을 거두었다. 사실상 그것은 싸움이 시작되기도 전에 이미 승패가 결정이 난 것이나 다름없는 싱거운 결투, 어린아이에게 달콤한 알사탕과 쓰디쓴 가루약을 보여 주고 원하는 것을 고르라고 하는 상황과 다를 것이 없는 결투, 싸움을 시작할 필요가 없을 정도로 바울에게 이미 모든 것이 기울어져 있는 결투였다. 한쪽에서는, 그 대답을 내놓아야 할 책임은 너에게 있으니 의지를 발휘하여 반성하고 또 반성하라고 말하고, 다른 한쪽에서는 간단하고 손쉬운 해결책이 여기 있으니 고민할 필요가 없다고 말한다면 어느 쪽을 따르겠는가?

앞의 인용문에 제시되어 있는 바와 같이, 니체가 보기에 스토아주의는 '자신들의 주된 사상의 거의 전부'를 헤라클레이토스로부터 물려받았다. 필자가 판단하기에 스토아주의에 속하는 여러 사상가들이 헤라클레이토스로부터 물려받은 것은 다름 아닌 '로고스*logos*'라는 개념이다. 헤라클레이토스는 말한다.

> 나에게 귀 기울이지 말고 로고스에 귀 기울이라. 모든 것이 하나라는 사실을 인정하는 것이 현명하다(§50).

> 모든 것은 이 로고스를 따라 생겨난다. 그런데도 사람들은 그것을 전혀 의식하지 못하고 있는 것처럼 보인다. 사물을 그 본성에 따라 분류하고 그것이 어째서 그러한지를 설명하는 등, 그것에 대한 나의 말과 행동을 접할 때조차도 그러하다(§1).

> 로고스는 온갖 데에 퍼져 있다. 그런데도 대다수 사람들은 마치 자신만의 이해력을 가지고 있는 듯이 산다(§2).

헤라클레이토스에 의하면, 로고스는 우주만물에 질서를 부여하는 그 무엇이다. 그가 보기에 만물의 이면에는 로고스가 자리 잡고 있으며, 만물은 그것으로 말미암아 생성하고 변화하고 사멸한다. 그가 보기에, 우주만물에 질서를 부여하는 로고스는 있을 수밖에 없으며 하나일 수밖에 없다. 만약에 없거나 둘 이상이라면, 우주는 질서정연한 세계, 코스모스가 아니라 무질서한 세계, 카오스, 온갖 잡동사니가 뒤죽박죽 섞여 있는 혼란의 도가니일 것이다. 또한 로고스는 만물의 생성과 변화와 사멸을 주관하기 때문에, 공간상 어디에나 존재할 수밖에 없으며, 시간상 언제나 존재할 수밖에 없다. 이 점에서 로고스는 우리에게 익숙한 용어로 신神이라고 부를 수 있지만, 신화에 등장하는 여러 신, 시기하고 질투하는 우리 인간과 모든 면에서 그다지 다를 것이 없는 존재와는 같지 않다.

우주의 한 부분, 만물 중의 하나로서의 인간 또한 로고스의 지배를 받는다. 그렇기 때문에 로고스와 조화를 이룰 때, 조화를 이루는 그만큼 인간은 인간으로서 올바른 삶을 영위할 수 있다. 인간이 우주의 로고스와 조화를 이룰 가능성은 인간 역시 로고스의 산물로서, 그 속성의 일부를 나누어 가졌기 때문이다. 인간에게는 인간의 로고스, 즉 이성理性이 있는 것이다. 그리하여 올바른 삶을 사는 인간은 자신이 나누어 가진 인간의 로고스를 끊임없이 우주의 로고스 쪽으로 합치시키기 위해 애쓰는 인간, 우주의 로고스를 인간의 로고스로 만들기 위해 부단히 애쓰는 인간이다. 만약 어떤 인간이 그 일에 성공을 거두었다고 하자. 물론, 유한한 생명체인 인간이 자신에게 주어진 생애 동안에 그 일에 성공할 가능성은 전혀 없다. 다시, 만약 무한한 시간을 부여받은 어떤 인간이 그 무한한 시간 동안 필사적인 노력을 기울여 우주의 로고스와 하나가 되는 데 성공을 거두었다고 하자. 필자가 보기에, 그 인간이 바로 니체가 말하는 '초인超人'이다.

인간이 자신에게 부여된 로고스를 활용하여 우주의 로고스에 가까이 다가가는 과정은 곧 우주만물의 질서를 탐구하는 과정, 한마디로 학문탐구의 과정이다. 여기에는 의문의 여지가 없다. 그러나 해명되어야 할 한 가지 문제가 있다. 우주의 로고스가 인간에게 로고스를 부여하는 과정, 인간의 로고스가 우주의 로고스로 변화되어 가는 과정은 어떻게 설명될 수 있으며, 인간이 죽었을 때 인간의 로고스는 어떻게 되는가? 필자가 생각하기에, '로고스'와 더불어 스토아주의 사상을 구성하는 또 하나의 핵심 개념인 '프뉴마*pneuma*'는 그 문제를 해결하는 데 필요하다. 프뉴마는 우주 전체에 퍼져 있는 기운으로서, 로고스와 그 존재론적 지위에 있어서 다르지 않다. 다시 말하여, 로고스가 그러하듯이 프뉴마 또한 만물의 생멸과 무관하게 존재하며, 어디에나 존재하며, 영원히 존재한다. 한마디로, 프뉴마는 불멸不滅을 그 본질적 속성으로 삼고 있다. 프뉴마는 우주 전체를 가득 채우고 있으며, 그 기운에 힘입어 인간은 생명을 유지한다. 스토아주의자마다 약간의 이견이 있을 수 있지만, 스토아주의자들이 헤라클레이토스 못지않게 사상적으로 의존하고 있는 소크라테스나 플라톤의 세계관을 따르자면, 인간뿐만 아니라 동물 또한 그 기운에 힘입어 생명을 유지한다.

스토아주의자들의 표현을 빌리면, 프뉴마는 인간의 영혼을 이루는 뜨거운 불, 또는 인간의 영혼 그 자체다. 인간은 그 기운에 힘입어 생명을 유지하며, 그 기운에 힘입어 우주의 로고스를 향해 발돋움한다. 우주의 로고스가 인간에게 허락한 지상에서의 시간을 마감하게 되었을 때, 인간의 몸에 깃들어 있던 프뉴마는 본래 있던 그 자리, 우주로 되돌아간다. 역시 스토아주의자마다 약간의 이견이 있기는 하지만, 그들이 크게 의존하고 있는 소크라테스와 플라톤의 세계관을 따르자면, 우주의 로고스의 허락을 받아 프뉴마의 한 부분이 어느 인간의 몸에 깃들며, 우주의 로고스가 허락한 그만큼 그 인간의 몸과 함께 지상에서 살다가 다시 우주로 되돌아간다. 이렇게 프뉴마가 인간의 몸에 깃들었다가 우주로 되돌아가는 일이 무한히 반복된다고 생각해 보자. 필자가 생각하기에, 니체가 말하는 '동일한 것의 영겁회귀'는 바로 그 무한한 순환 과정을 가리킨다.

니체는 스스로 "영겁회귀라는 이 아이디어를 옛날 사상가들의 글에서 보았다."(WM 1066)라고 말하고 있다. 니체의 이 말에 대해 우리는 다음과 같은 질문을 제기할 수 있다. "당신이 말하는 그 '옛날 사상가들'은 누구를 가리키는가." 하는 질문이 그것이다. 여기에 대해 니체는 "헤라클레이토스와 스토아주의자라고 이미 말하지 않았는가."라고 대답할지 모른다. 그러나 이 대답으로는 어쩐지 만족스럽지가 않다. 왜냐하면 토막글로 남아 있는 헤라클레이토스와 스토아주의자들의 글에만 의지하여 '초인'과 '영겁회귀'의 아이디어를 발견한다는 것은 니체가 아닌 누구라도 불가능하기 때문이다. 다시 니체를 추궁해 보자―"말씀해 보시죠. 누구의, 어떤 글입니까?" 필자가 생각하기에 니체는 아마 다음과 같이 대답할 것이다―"굳이 한 사람, 한 권의 책을 말해야 한다면, 플라톤의 『파이드로스』다. 그러나 한 가지 단서를 달겠다. 그 대화편에 적혀 있는 플라톤의 세계관에서 올림포스 신들을 주인공으로 한 신화적인 이야기는 배제해야 한다."

아닌 게 아니라 인류 역사상 가장 이야기를 잘 지어 내는 사람 중 한 명인 플라톤은 『파이드로스』에서 불멸하는 영혼이 인간의 몸에 깃드는 과정, 각고의 노력 끝에 본향으로 되돌아가는 과정을 흥미진진하게 그려 보이고 있다(*Phaidros*, 243e–257b 참조). 필자가 보기에, 특히 사랑과 영혼을 주제로 한 플라톤의 이야기는 앞에서 '로고스'와 '프뉴마'라는 두 개념을 중심으로 언급한 '초인'과 '영겁회귀'의 아이디어를 여실하게 보여 주고 있다. 플라톤에 의하면, 우리 인간은 신들을 좇아 실재를 보는 일을 게을리하여 날개를 잃어버린 영혼이 몸을 얻은 생명체다. 영혼의 입장에서 볼 때, 이곳 지상에서의 삶은 본업을 게을리한 죄에 대한 벌을 받는 과정이지만, 또 한편 본향으로 되돌아갈 기회이기도 하다. 잔꾀 부리지 않고 평생토록 학문을 탐구하고, 자기 주위에 있는 사람들 또한 그렇게 살아가도록 가르치는 일을 게을리하지 않으면, 그렇게 노력한 그만큼 그의 영혼은 잃어버린 날개를 되찾을 수 있다. 다시 어느 인간의 몸을 빌어 그렇게 살고, 또 그렇게 살기를 3천 년 동안 거듭하면, 드디어 영혼은 잃었던 날개를 완전하게 되찾아 본향으로 돌아갈 수 있게 된다. 한마디로 말하여, 인간의 삶은 학문 탐구를 통해 잃어버린 영혼의 날개를 되찾는 과정이다.

니체는 고대 희랍의 신화를 연상시키는 플라톤의 말투가 싫었을 것이다. 그러나 '영겁회귀'라는 말은 불멸하는 어떤 것—예를 들어, 영혼—을 전제로 하고 있고, 불멸하는 그것이 무한히 순환하는 과정을 인간의 언어로 설명하자면 플라톤처럼 할 수밖에 없지 않은가? "인간의 삶은 학문 탐구를 통해 잃어버린 영혼의 날개를 되찾는 과정이다."라는 플라톤의 말은, "어쩌다 보니 침팬지의 몸에서 털이 빠지고, 또 어쩌다 보니 인간이 되었다."는 다윈의 말과 비교할 때,

우아함의 정도에 있어서는 말할 것도 없고, 사실을 두고 보더라도 우리의 삶을 훨씬 더 구체적으로 묘사하고 있다고 보아야 하지 않을까? 다윈이 지어낸 매우 그럴듯한 그 이야기에 대한 어느 인류학자의 평을 빌리면, 기왕에 인류의 조상을 고르자면 침팬지보다는 하늘을 나는 새가 낫지 않은가? 원시인들이 동굴벽화에 자신들의 모습을 새로 그려 넣은 것을 보지 못했는가?

참고문헌

약 어

니체의 저작

GT — *Die Geburt der Tragödie* (The Birth of Tragedy), 1872.

U — *Unzeitgemässe Betrachtungen* (Untimely Meditations).

    I. *David Strauss, der Bekenner und Schriftsteller* (David Strauss, the Confessor and Writer), 1873.

    II. *Vom Nutzen und Nachteil der Historie für das Leben* (Of the Use and Disadvantage of History for Life), 1874.

    III. *Schopenhauer als Erzieher* (S. as Educator), 1874.

    IV. *Richard Wagner in Bayreuth*, 1876.

M — *Die Morgenröte* (The Dawn), 1881.

FW — *Die Fröhliche Wissenschaft* (The Gay Science), 1882.

Z — *Also Sprach Zarathustra* (Thus Spoke Zarathustra), 1883~1885.

A — *Die Antichrist* (The Anti-Christ), 1895.

EH ― *Ecce Homo*, 1908.

WM ― *Der Wille zur Macht* (The Will to Power), Posthumously Published.

ZB ― *Über die Zukunft unserer Bildungsanstalten* (On the Future of Our Educational Institutions), Posthumously Published.

* 이상은 모두 니체의 저작으로서, 이 책의 본문에서 앞의 약어 뒤에 붙어 있는 숫자는 니체의 저작의 문단 번호를 가리킨다.

기타 저작

B ― Barth, H. (1976). *Truth and Ideology*.

H ― Heidegger, M. (1967). Who is Nietzsche's Zarathustra?

K ― Kaufmann, W. (1974). *Nietzsche: Philosopher, Psychologist, Antichrist*.

* 앞의 세 약어 뒤에 붙어 있는 숫자는 그 책의 쪽수를 가리킨다.

국내외 자료

성철(역)(1988). **돈황본 육조단경**. 장경각.

이홍우(2003). 인간 형성의 심층 논리. R. J. Manheimer(1978). *Kierkegaard As Educator*. 이홍우, 임병덕(역)(2003). 키에르케고르

의 교육이론. 교육과학사. (역자 해설)

이홍우(2009). 메타프락시스 서설. 도덕교육연구 20(2). 한국도덕교육
학회. 339-348.

Bacon, F. (2000). *The New Organon*. L. Jardine and M.
Silverthorne(ed.). Cambridge University Press. (orig. *Novum
Organum Scientiarum*, 1620)

Barth, H. (1976). *Truth and Ideology*. F. Lilge(trans.). University of
California Press. (orig. *Wahrheit und Ideologie*, 1945)

Bell, D. (1962). *The End of Ideology*. New York: Collier Books.

Boyd, W. (1952). *The History of Western Education*(6th ed.).
London: Adam & Charles Black. 이홍우, 박재문, 유한구(역)
(2008). 서양교육사(개정·증보판). 교육학 번역총서 4. 교육과학사.

Breazeale, D.(ed.), R. J. Hollingdale(trans.) (1990). *Untimely
Meditations*. Cambridge University Press.

Brett, G. S. (1912). *A History of Psychology*. vol. 1. London:
George Allen & Company.

Descartes, R. (1960). *Discourse on the Method* and *Meditations*. L.
J. Lafleur(trans.). Indianapolis: The Liberty of Liberal Arts. (orig.
1637, 1641)

Fowler, H. N.(ed. & trans.) (1914). *Plato: Euthyphro, Apology,
Crito, Phaedo, Phaedrus*. Harvard University Press.

Freeman, K. (1948). *Ancilla to the Pre-Socratic Philosophers*.

Harvard University Press. (Translation of Hermann Diels' *Fragmente der Vorsokratiker*, 1903)

Grenke, Michael W.(trans.) (2004). *Friedrich Nietzsche: On the Future of Our Educational Institutions.* South Bend, Indiana: St. Augustine's Press.

Heidegger, M. (1967). Who is Nietzsche's Zarathustra? *Review of Metaphysics* 20(3). 411−431. (orig. 1954)

Heidegger, M. (1991). *Nietzsche. Vols. 1 & 2* (vol. 1: The Will to Power as Art, vol. 2: The Eternal Recurrence of the Same). David Farrell Krell(ed.). New York: HarperCollins. (orig. 1961)

Heidegger, M. (1991). *Nietzsche. Vols. 3 & 4* (vol. 3: The Will to Power as Knowledge and as Metaphysics, vol. 4: Nihilism). David Farrell Krell(ed.). New York: HarperCollins. (orig. 1961)

Hollingdale, R. J.(trans.) (1990). *Twilight of the Idols* and *The Anti−Christ.* Penguin Books.

Hollingdale, R. J.(trans.) (1992). *Ecce Homo.* Penguin Books.

Kant, I. (1784). Idea for a Universal History from a Cosmopolitan Point of View. L. W. Beck(ed.) (1963). *Kant: On History.* New York: Macmillan.

Kaufmann, W. (1974). *Nietzsche: Philosopher, Psychologist, Antichrist* (4th ed.). Princeton University Press. (1st ed. 1950)

Kaufmann, W.(trans. & ed.) (1992). *Basic Writings of Nietzsche.* New York: The Modern Library.

Kaufmann, W.(trans.) (1954). *Thus Spoke Zarathustra*. Penguin Books.

Kaufmann, W.(trans.) (1974). *The Gay Science*. New York: Vintage Books.

Kaufmann, W. & Hollingdale, R. J.(trans. & ed.) (1967). *The Will to Power*. New York: Random House.

Lee, D.(trans.) (1987). *Plato: The Republic*(2nd ed.). Penguin Books.

Long, A. A. (1986). *Hellenistic Philosophy: Stoics, Epicureans, Sceptics*(2nd ed). University of California Press.

Manning, D. J.(ed.) (1980). *The Form of Ideology*. London: George Allen & Unwin.

Marx, K. (1970). *A Contribution to the Critique of Political Economy*. S. W. Ryazanskaya(trans.). New York: International Publishers. (orig. *Kritik der Politischen Ökonomie*, 1859)

Morgan, George A., Jr. (1941). *What Nietzsche Means*. Harvard University Press.

Rorty, R. (1979). *Philosophy and the Mirror of Nature*. Princeton University Press.

Smith, B.(trans.) (2011). *Dawn*. The Complete Works of Friedrich Nietzsche. vol. 5. Stanford University Press.

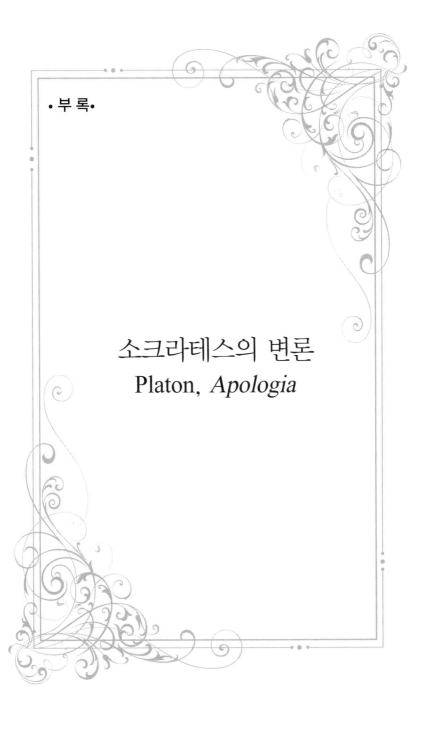

소크라테스의 변론
Platon, *Apologia*

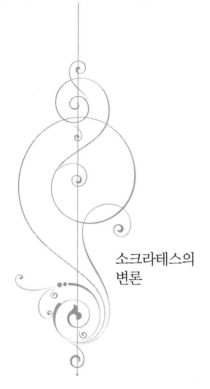

소크라테스의
변론

소크라테스의 변론
Platon, *Apologia*

원전 및 번역서

1. H. N. Fowler(trans.). *The Apology*. H. N. Fowler(ed. & trans.) (1914). *Plato: Euthyphro, Apology, Crito, Phaedo, Phaedrus*. LCL 36. Harvard University Press. 61−145. (The Greek text is included.)

2. G. M. A. Grube(trans.) *Apology*. John M. Cooper(ed.) (1997). *Plato: Complete Works*. Indianapolis: Hackett Publishing Company. 17−36.

3. H. Tredennick(trans.). *Socrates' Defense*. E. Hamilton & H. Cairns(eds.) (1961). *The Collected Dialogues of Plato*. Princeton University Press. 3−26.

소크라테스의 변론

[기원전 399년, 소크라테스Sokrates는 일흔의 나이에 멜레토스
Meletos, 아뉘토스Anytos, 뤼콘Lykon으로부터 고소를 당해 법정에 섰
다. 고소인들이 내세운 죄목은 청년들을 타락시킨 죄, 그리고 신을
믿지 않는 죄였다. 소크라테스는 501명의 배심원 겸 재판관 앞에서
자신을 변론하였다. 다음 내용은 그 광경을 지켜본 플라톤Platon이
그의 변론을 기록한 것으로서, 당시 플라톤의 나이는 28세였다. 소
크라테스에 대한 재판은 크게 세 단계로 진행되었다. 유죄인지 무
죄인지를 판단하는 단계(17a-35d), 유죄 판결이 난 후 형량을 정하
는 단계(35e-38c), 그리고 최후 진술을 듣는 단계(38c-42a)가 그것
이다. 먼저 멜레토스, 아뉘토스, 뤼콘이 배심원 겸 재판관 앞에서
소크라테스를 정해진 방식에 따라 고소하면서 사형을 요구하였다.
이제 소크라테스가 변론할 차례다.]

17 아테나이 시민 여러분, 저를 고소한 자들의 말을 듣고 여러분은
어떤 느낌을 받으셨는지 모르겠습니다마는, 저의 경우를 말씀드리
자면, 저는 하마터면 저들에게 완전히 넘어갈 뻔했습니다. 그들의
말은 그만큼 설득력이 있었습니다. 그러나 저들의 말 중에 진실이란
아무것도 없습니다. 그들이 하는 거짓말이 한두 가지가 아닙니다마
는, 그중에서 제가 경악하지 않을 수 없는 거짓말 한 가지를 말씀드
리겠습니다. 저처럼 노련한 연설가에게 속아 넘어가지 않으려면 단
b 단히 조심해야 한다는 거짓말이 그것입니다. 제가 생각하기에 저들

의 행동 중에서 가장 파렴치한 짓은 바로 그것입니다. 제가 여러분 앞에서 모습을 드러내는 순간 노련한 연설가가 전혀 아니라는 사실이 당장 탄로가 날 텐데도 그런 거짓말을 하다니, 저들에게 부끄러움이란 없는 모양입니다. 물론, '진실을 말하는 사람이 노련한 연설가'라 생각하고 저들이 그런 말을 했다면 얘기는 달라집니다. 저들의 말이 그런 뜻이었다면, 저를 엄연한 웅변가로 간주하는 것에 저는 동의할 수 있습니다. 그러나 저들의 태도로 보건대 그럴 리 만무합니다. 게다가 제가 말씀드리는 대로, 저들의 말 중에 진실이란 사실상 아무것도 없습니다. 제우스를 앞에 두고 말씀드리거니와, 이 **c** 자리에서 여러분께서는 저를 통해 이번 소송을 둘러싼 일체의 진실을 듣게 될 겁니다. 여러분, 저는 저들처럼 아름다운 말로 꾸미고 일정한 양식에 맞춰 표현할 줄 모릅니다. 이 자리에서 저는 그때그때 떠오르는 생각을 가감 없이 그대로 말하겠습니다. 왜냐하면 저는 제가 하는 말이 올바르다는 확신이 있기 때문입니다. 여러분께서도 올바른 말 이외의 다른 것은 제게 기대하지 말아 주십시오. 젊은 사람들의 경우는 어떤지 모르겠습니다마는, 여러분 앞에서 말장난이나 일삼는 것은 저 같은 늙은이에게는 도무지 어울리지 않습니다.

여러분, 한 가지 미리 말씀드리고 간곡하게 부탁드릴 것이 있습니다. 지금부터 저는 환전상換錢商의 좌판이 있는 시장 바닥에서 여러분 중의 많은 분이 들었던 말, 그리고 그 밖의 여러 곳에서 제가 평소에 사용하던 바로 그 말을 써서 변론을 하려고 합니다. 그렇더라도 놀라거나 소란 피우지 말아 주셨으면 합니다. 저의 처지를 말 **d** 씀드리면 이렇습니다. 제가 법정에 선 것은 칠십 평생 이번이 처음입니다. 그러니 제가 이곳에서 통용되는 어법에 익숙하지 않은 것은 당연합니다. 만약 제가 진짜 이방인이었다면, 제가 자란 곳에서 배운 사투리와 어법으로 말하더라도 여러분께서는 틀림없이 저를 용서해 주셨을 겁니다. 저의 형편이 이방인과 다를 바 없는 만큼, 지금 여러분께 드린 부탁도 할 만한 것이 아닌가 생각합니다. 좋든 나쁘든 간에 저의 어법에 신경 쓰지 마시고, 제가 하는 말이 올바른지 아닌지에만 마음을 써 주십시오. 재판관이 발휘해야 할 덕德, arete은 바로 그것입니다. 연설가가 발휘해야 할 덕이 진실을 말하는 데 있는 것처럼 말입니다.

여러분, 지금 저를 고소하여 이 자리에 세운 사람들을 상대로 제대로 된 변론을 하기 위해서는 그 전에 먼저, 저를 상대로 제기된 해묵은 고소와 그 고소인들에 대해 변론을 하는 것이 좋을 듯합니다. 지금까지 수십 년간 여러분에게 저를 고소한 사람은 한둘이 아닙니다. 물론 그 많은 고소 중의 어떤 것도 진실을 담고 있는 것은 없습니다. 오늘 저를 이 자리에 서게 한 아뉘토스와 그 일당이 두렵지 않은 것은 아닙니다마는, 이전의 고소인들이 훨씬 더 두렵습니다. 여러분, 우선 숫자로만 보더라도 이전의 고소인들이 훨씬 많습니다. 그들은 대체로 여러분이 어렸을 적부터 붙들어 앉혀 놓고 여러분을 설득했으며, 전혀 그릇된 말로 저를 고소했습니다. 소크라테스라는 사람이 있는데, 지혜로운 사람으로 알려져 있고, 천상과 지하의 온갖 것을 탐구한다고 하고, 나쁜 논증도 강한 논증으로 만드는 재주가 있단다―이런 식으로 말입니다. 여러분, 저에게 위협적인 고소인은 바로 이런 소문을 퍼뜨린 사람들입니다. 왜냐하면 이

소문을 듣고 자란 사람들은 누구든지, 그런 것들을 탐구하는 사람은 당연히 신도 믿지 않을 거라 생각하기 때문입니다. 게다가 이 고소인은 그 수가 어마어마하며, 오래전부터 저를 고소했습니다. 그뿐이 아닙니다. 그들이 여러분에게 그 말을 한 것은 아무런 의심없이 남의 말을 받아들이는 나이, 대체로 여러분이 어린아이거나 청년이었을 때입니다. 지금까지 저는 변론할 기회를 얻지 못한 채 결석 재판을 받았고, 건건이 그들이 승리한 셈입니다.

이 해묵은 소송과 관련하여 참으로 황당한 것은, 도대체 고소인이 누구인지 알 수도, 특정하여 이름을 거론할 수도 없다는 점입니다. 그들 가운데 희극작가 한 명이 포함되어 있다는 것이 우리가 아는 전부입니다. 여러분에게 그럴듯한 말로 저를 중상모략한 사람들, 다른 사람을 그렇게 설득한 그들 역시 그 전에 다른 누군가로부터 그렇게 설득당했다고 보아야 합니다. 이들은 참으로 상대하기 어려운 사람들입니다. 법정에 세우거나 따져 물을 수 없으니 말입니다. 이들을 상대로 하는 변론에서는, 말하자면 그림자를 붙들고 헛씨름을 하고, 답변을 듣지 못한 상태에서 반대심문을 할 수밖에 없습니다. 여러분이 꼭 기억하실 수 있도록 다시 한 번 말씀드립니다. 저를 고소한 사람은 두 부류입니다. 지금 저를 고소한 사람들, 그리고 조금 전에 말씀드린 해묵은 고소인들이 그들입니다. 그리고 이 해묵은 고소인들을 상대로 먼저 변론을 하지 않을 수 없다는 점 또한 기억해 주셨으면 합니다. 왜냐하면 여러분은 그 해묵은 고소인들의 말을 먼저 들으셨으며, 지금 저에게 제기된 고소와는 비교할 수 없을 정도로 오랫동안 들어오셨기 때문입니다.

d

e

좋습니다. 그럼 본격적으로 변론을 시작하겠습니다. 지금부터 저
19 는 참으로 오랫동안 여러분의 마음에 서서히 자리 잡은 괴상한 편견
을 참으로 짧은 시간 안에 뿌리째 뽑아 내야 합니다. 바라건대 그렇
게 되었으면 좋겠습니다. 그것이 여러분에게도 좋고 저에게도 좋은
일이라면, 어쩌면 저의 변론이 성공을 거두게 될지도 모릅니다. 물
론 저는 이 일이 얼마나 어려운지, 어째서 어려운지 누구보다도 잘
알고 있습니다. 그렇기는 해도, 결론이 어떻게 날지는 신의 뜻에 맡
기고, 법이 허락하는 한도 내에서 저 자신을 변론하지 않으면 안 됩
니다.

그럼 지금부터 그 해묵은 소송이 시작되었다 치고 본격적으로 재
b 판을 해 보도록 합시다. 멜레토스가 저를 상대로 고소장을 작성할
때 그의 마음에는 저에 대한 괴상한 편견이 확고하게 자리잡고 있
었습니다. 그 괴상한 편견을 만들어 낸 것이 바로 저에 대한 해묵
은 고소입니다. 그 고소의 내용은 무엇입니까? 그들은 어떤 말로 저
에 대해 험담을 했습니까? 그들이 저를 실지로 고발했다 치고, 법
정에서 선서를 하며 밝혔을 법한 진술서를 그들 대신 제가 읽어 볼
까 합니다. "소크라테스는 그릇된 행동을 하는 죄인입니다. 그는 천
상과 지하의 온갖 것을 탐구하는 데 여념이 없으며, 나쁜 논증을 강
한 논증으로 바꾸고, 그런 것들을 다른 사람에게 가르치기까지 합
c 니다." 대충 이런 식입니다. 아리스토파네스Aristophanes의 희극을 보
신 분은 알고 계시겠지만, 어디선가 소크라테스라는 사람이 등장하
여 무엇인가에 매달려 떠다니면서, 공중을 걷고 있다고 말하는가 하
면, 그 밖에도 저로서는 도무지 알아들을 수 없는 온갖 엉뚱한 말을

늘어놓습니다. 이렇게 말한다고 하여 제가 그런 종류의 지식을 경시한다고 생각하지는 말아 주십시오. 멜레토스가 이 문제로 또 소송을 걸어올까 걱정되어 얼른 말씀드립니다마는, 여러분, 그런 문제에 정통한 누군가가 있겠지만, 저는 그런 것들에 관심을 기울인 적이 없습니다. 이 점에 관한 한, 여기 계신 여러분 중의 대부분을 증인으로 모실 수 있습니다. 여러분은 모두 제가 다른 사람과 대화하는 내용을 들으신 적이 있으며, 여러분 중의 상당수는 저와 대화를 나누 **d** 셨습니다. 그러니 제가 조금이라도 그런 주제로 토론하는 것을 들은 사람이 있는지 서로 얘기를 나눠 보시기 바랍니다. 그렇게 하면 여러분은 그것뿐 아니라 많은 사람들이 저에 대해 늘어놓는 그 밖의 온갖 험담까지도 뜬소문에 불과하다는 것을 알게 되실 겁니다.

그것들 중의 어떤 것도 사실이 아닙니다. 그리고 혹시라도 제가 누군가를 가르친다는 약속을 하고, 그 대가로 보수를 받는다는 소문을 들으셨다면, 그것 또한 사실이 아닙니다. 물론, 제가 생각하기 **e** 에, 레온티노이 출신의 고르기아스Gorgias, 케오스 출신의 프로디코스Prodikos, 엘리스 출신의 히피아스Hippias처럼 다른 사람을 가르칠 능력이 있는 사람이라면 보수를 받는다고 하여 나쁠 것이 없습니다. 이분들은 어느 도시에서나 환영을 받으며, 청년들을 설득하는 데 일가견이 있습니다. 이분들이 상대하는 청년들은 자신들의 동료 시민이라면 누구라도 돈 안들이고 사귈 수 있는 사람들입니다. 그런 그 **20** 들이 동료 시민을 만나는 대신 기꺼이 이분들과 사귀려고 하며, 돈을 지불하는가 하면, 감사의 마음까지 전하고 갑니다. 참, 또 한 명의 지혜로운 사람이 있다고 합니다. 파로스 사람이라는데 지금 이곳 아테나이에 와 계시다는군요. 자신을 제외한 모든 사람이 소피스트에게 갖다 바친 돈을 합친 것보다 더 많은 돈을 소피스트에게 지불한 어떤 사람을 만났습니다. 히포니코스Hipponikos의 아들 칼리아스Kallias가 그 사람입니다. 그는 두 아들을 둔 아버지인지라 제가 이렇게 물었습니다. "칼리아스, 자네의 두 아들이 망아지나 송아지라

b 면, 조마사調馬師나 농부 중에서 그들의 소질을 탁월하게 발휘하도록 도울 만한 사람을 찾아 그들의 교사로 삼을 수 있겠지. 그런데 자네의 두 아들은 사람이 아닌가? 그들의 교사로 마음에 두고 있는 사람이 있는가? 인간으로서, 시민으로서 갖추어야 할 덕을 탁월하게 발휘하도록 하는 일의 전문가는 누구인가? 자네에게는 두 아들이 있으니 그 문제에 대해 틀림없이 고민을 해 보았겠지? 그런 사람이 있나, 아니면 찾아봐도 없던가?" 칼리아스가 말하더군요. "있고말고요." 제가 다시 물었습니다. "그게 누구인가? 이름이 무엇이며, 어디서 온 사람인가? 보수는 어느 정도인가?" 그가 대답하기를, "소크라테스, 그 사람 이름은 에우에노스Euenos입니다. 파로스 출신으로

c 서, 보수는 5므나mna입니다." 제가 생각하기에, 에우에노스가 실지로 그런 기술을 보유하고 있고, 5므나라는 참으로 적절한 비용을 받고 그것을 가르친다면, 그는 축복받은 사람입니다. 제가 그런 지식을 소유하고 있다면, 틀림없이 저는 우쭐대며 자랑을 늘어놓았을 겁니다. 그러나 여러분, 제게는 그런 지식이 없습니다.

여러분 중의 어떤 분은 저의 말을 가로막으며 이렇게 반문할지 모릅니다. "하지만 소크라테스, 당신은 어떤 일을 하는 사람입니까? 당신에 대한 온갖 험담은 어디서 나온 건가요? 상식에서 벗어난 어

떤 일을 하느라 분주하게 돌아다니지 않았다면, 대다수의 사람들과는 상당히 다른 어떤 일을 하지 않았다면, 당신을 둘러싼 온갖 악소문과 원성은 도대체 어디서 나온 거란 말입니까? 어찌된 일인지 말해 보세요. 우리가 당신에 대해 부적절한 판단을 하지 않을 수 있도록 말입니다." 그분의 이 말이 틀렸다고 보기는 어려울 듯합니다. **d**

그럼 지금부터 이런 평판과 험담이 어디서 나온 것인지 말씀드리겠습니다. 그러니 제 말에 귀 기울여 주십시오. 제 말을 듣고 어떤 분은 제가 농담을 하는 것이 아니냐고 생각하실지 모릅니다. 그러나 분명히 말하지만, 지금부터 제가 드리는 말씀은 모두 사실입니다. 제가 그런 평판을 얻게 된 것은 다름 아니라 제가 가지고 있는 특별한 종류의 지혜 때문입니다. 어떤 종류의 지혜냐고요? 물론, 인간이 가질 수 있는 지혜입니다. 그 지혜를 소유하고 있다는 바로 그 점에서 저는 지혜로운 사람인 듯합니다. 반면에, 조금 전에 언급한 그분 **e** 들은 인간의 지혜 이상의 것을 가지고 계시는 듯합니다. 저는 그분들이 가진 지혜가 어떤 것인지에 대해서는 할 말이 없습니다. 왜냐하면 분명히 말하거니와 저는 그런 지혜를 가지고 있지 않기 때문입니다. 제가 그런 지혜를 가지고 있다고 말하는 사람이 있다면, 그가 누구이건 간에 그것은 거짓말이며, 저를 험담하는 말입니다. 여러분, 지금부터 제가 자랑을 늘어놓는 것처럼 보이더라도 소란을 피우지는 말아 주십시오. 왜냐하면 제가 지금 하려는 이야기는 제가 지어 낸 것이 아니기 때문입니다. 저는 여러분에게 신뢰할 만한 출처를 언급하고자 합니다. 변변치는 않습니다마는, 과연 제가 지혜를 가지고 있는지, 그것은 어떤 성격의 것인지를 말해 줄 증인으로

21 서 델포이의 신을 부르고자 합니다. 여러분은 카이레폰Chairephon을 알고 계실 겁니다. 그는 저의 오랜 친구이자 여러분 대다수의 친구이기도 합니다. 언젠가 여러분 중의 몇 사람과 함께 망명했다가 귀국한 적도 있지요. 여러분은 그가 어떤 유형의 인간이었는지, 매사에 얼마나 추진력 있게 행동하는 인간이었는지 잘 알고 계실 겁니다. 그가 한 번은 델포이에 가서 감히 신탁을 요청했다고 합니다. 여러분, 앞서 말씀드린 대로 제발 소란을 피우지 말아 주십시오. 그는 저보다 더 지혜로운 사람이 있는지 물었답니다. 그랬더니 무녀巫女가 대답하기를, 저보다 지혜로운 사람은 없다고 말했답니다. 카이레폰은 죽었지만 그의 형제가 여기 있으니, 그 일을 여러분에게 증언해 줄 겁니다.

b 알고 계시겠지만, 제가 이 이야기를 꺼낸 이유는 저에 대한 온갖 험담이 어디서 나온 것인지를 여러분에게 말씀드리기 위해서입니다. 그 신탁을 전해 듣고 저는 스스로에게 이렇게 물었습니다. "신은 도대체 무슨 말씀을 하시는 것인가? 이 수수께끼 같은 말을 어떻게 이해해야 하는가? 내가 전혀 지혜롭지 못하다는 것은 누구보다도 나 자신이 잘 알고 있지 않은가? 그렇다면 내가 가장 지혜로운 사람이라는 그분의 말을 어떻게 이해해야 하는가? 그렇다고 그것이 거짓말일 리는 없지 않은가? 신은 원칙상 거짓말을 하는 분이 아니지 않은가?" 저는 그 말의 의미를 이해하기 위해 오랫동안 고민했습니다. 그러던 차에, 썩 마음에 내키지는 않았지만 그 문제를 다음과 같이 탐구해 보기로 했습니다. 지혜로운 사람으로 널리 알려진 어떤

c 사람을 만나 보기로 한 겁니다. 멀리 갈 것도 없이 바로 그 자리에

서 신탁이 틀렸음을 증명할 수 있으리라 생각했던 것입니다. "당신은 제가 지혜롭다고 하셨습니다마는, 저보다 지혜로운 사람이 여기 있습니다."라고 말입니다. 드디어 그 사람을 만나 그의 지혜를 검사했습니다. 여기서 이름을 밝히지는 않겠습니다마는, 그는 이름만 대면 누구나 알 만한 저명인사입니다. 그와의 만남에서 저는 이런 경험을 했습니다. '많은 사람들이 저분을 지혜롭다고 여기며 누구보다도 저분 스스로 그렇다고 생각하지만, 실지로는 그렇지 않구나.' 하는 생각을 하게 된 겁니다. 그리하여 저는 그가 자신을 지혜로운 사람이라고 생각하고 있지만, 실지로는 그렇지 않다는 것을 알려 주 **d** 려고 애썼습니다. 그 결과로 저는 그 사람의 미움을 샀고, 그 주위에 있던 많은 사람들의 미움까지 함께 샀습니다. 그렇게 그 자리에서 물러나 돌아오면서 저는 혼자 이런 생각을 했습니다. '저 사람보다는 내가 더 지혜가 있어. 저 사람이나 나나 아는 게 변변치 못하다는 점에서는 다를 게 없어. 그런데 그는 알고 있지 못하면서도 알고 있다고 생각하고 있어. 그런 그와는 달리 나는 알고 있는 것도 없고, 알고 있다고 생각하지도 않아. 적어도 이 점에서 그보다 내가 더 지혜롭다고 말할 수 있어. 나는 내가 알지 못하는 것을 안다고 생각하지는 않아.' 그 후에 저는 그 사람보다 더 지혜롭다고 알려진 **e** 다른 사람을 찾아갔습니다. 그를 만나고 나서도 똑같은 생각을 했습니다. 그리고 그 자리에서도 저는 그와 다른 많은 사람의 미움을 샀습니다.

그 후에 저는 그 일을 체계적으로 수행했습니다. 그럴수록 저를 싫어하는 사람이 점점 더 많아지는 것을 실감하였고, 그래서 슬프기

도 하고 불안하기도 했습니다마는, 신과 관련된 일을 다른 무엇보다
도 중요하게 여겨야 한다고 생각했습니다. 그리하여 저는 그 의미를
탐구하기 위해 지식인이라는 평판을 얻은 사람이면 누구든지 찾아
22 다녀야 했습니다. 개를 앞에 두고 말씀드립니다마는, 제게서 진실만
을 들어야 마땅한 배심원 여러분, 그 일을 하면서 저는 다음과 같은
경험을 했습니다. 신에게 봉사하기 위한 탐구의 과정에서 저는, 명
망이 높은 사람일수록 지식이 부족한 편이고, 낮다고 생각되는 사람
일수록 더 많은 지식을 갖추고 있다는 것을 알게 되었습니다. 저는
지금 저의 살아온 여정에 대해, 신탁이 부정될 수 없음을 증명하기
위해 감내해야 했던, 노동에 가까운 여정에 대해 말씀드리고 있습
니다. 정치인을 두루 만난 후에 저는 비극 작가와 서정시dithyrambos
b 작가 등 여러 시인들을 만나러 다녔습니다. 시인이라면 제가 그들
보다 무지하다는 것이 당장 탄로나리라 생각했기 때문입니다. 저는
먼저 그들이 가장 공을 들여 쓴 것으로 보이는 시 한 편을 골랐습니
다. 그리고 그 시가 의미하는 바에 대해 그것의 저자에게 물었습니
다. 그들에게서 무엇이라도 배워야겠다고 생각했기 때문입니다. 여
러분, 사실대로 말하자니 부끄럽습니다마는, 그래도 말씀드리겠습
니다. 당시 구경꾼들 중의 누구라도 시에 대해 저자 자신보다 더 잘
c 설명할 수 있었을 겁니다. 이내 저는 시인이 지식을 활용하여 시를
쓰는 것은 아니라는 것, 시는 타고난 재능과 신들린 상태에서 나온
다는 것을 깨달았습니다. 점쟁이나 예언자처럼 말입니다. 그들은 참
으로 훌륭한 말을 많이 내놓지만, 자신들이 하는 그 말이 무슨 뜻인
지는 알지 못합니다. 시인도 시를 쓸 때 이들과 비슷한 경험을 한다

는 생각이 들었습니다. 그와 동시에 저는, 시인은 자신이 좋은 시를 쓰는 사람인 만큼 그 밖의 다른 일도 매우 지혜롭게 처리할 능력이 있다고 스스로 생각하지만, 사실은 그렇지 않다는 것도 알았습니다. 그리하여 저는 시인들을 만나고 돌아오면서, 제가 정치인보다 나은 것과 동일한 이유에서 그들보다 낫다는 생각을 했습니다.

마지막으로 저는 기술자를 만나러 다녔습니다. 왜냐하면 실지로 저는 그 방면에 아는 바가 없으며, 그런 만큼 여러 가지 좋은 물건 **d** 에 대한 그들의 해박한 지식을 금방 확인할 수 있으리라 생각했기 때문입니다. 저의 이 짐작은 틀리지 않았습니다. 그들은 제가 알고 있지 못하는 물건을 알고 있었으며, 바로 그 점에 있어서는 그들의 지혜가 저보다 나았습니다. 그렇지만 배심원 여러분, 제가 보기에 훌륭한 기술자는 시인과 마찬가지의 잘못을 범하고 있었습니다. 그들은 자신들이 보유한 기술을 탁월하게 구사할 능력이 있기 때문에 여타의 크고 중요한 일도 매우 지혜롭게 처리할 수 있을 것이라고 스스로 생각하고 있었습니다. 그리고 이 잘못된 생각은 그들이 가진 **e** 지혜마저 어둡게 하고 있었습니다. 그리하여 저는, 기술자가 가진 지혜는 없지만 그들처럼 무지하지 않은 현재의 제가 나은지, 아니면 그 양자를 모두 가진 기술자가 나은지, 신탁에 비추어 판단한다면 어느 쪽이 나은지 자문해 보았습니다. 저는 저 자신과 신탁에게 이렇게 대답했습니다. 지금의 제가 더 낫다고 말입니다.

배심원 여러분, 이 탐구의 결과로 저는 엄청난 미움을 샀으며, 이제는 제가 감당하기 어려울 정도로 무거운 짐이 되었습니다. 저에 **23** 대한 온갖 험담은 그 사람들 입에서 나왔으며, 지혜로운 사람이라는 평판 또한 마찬가지입니다. 왜냐하면 매번 구경꾼들은 저의 대화상 대자가 가지고 있지 않은 것으로 드러난 그 지혜를 제가 가지고 있다고 생각했기 때문입니다. 그러나 여러분, 진실은 어느 편인가 하면, 지혜로운 존재는 다름 아닌 신이며, 신탁을 통해 신은 인간의 지혜가 거의 또는 전혀 보잘것없다는 뜻을 전달하려고 했다고 보아

b 야 합니다. 그리고 신은 이 사람 소크라테스에게만 말씀하시는 것이 아니며, 저를 본보기로 삼아 단지 저의 이름을 활용하고 계시다고 보아야 합니다. 그분은 이렇게 말씀하시는 듯합니다. "유한한 생명 체, 너희 인간 중에 가장 지혜로운 자는 소크라테스처럼 자신의 지 혜가 보잘것없다는 것을 아는 자로다." 저는 지금까지도 신의 명령 을 따라 그 탐구를 계속하고 있습니다. 지혜를 가진 것으로 생각되 는 사람이라면, 그가 우리 아테나이 시민이건 이방인이건 간에 누구 든지 찾아가서 만나고 있습니다. 그리고 그가 지혜로운 사람이 아니 라고 생각되면 신에게 봉사한다는 마음으로 그가 지혜롭지 않다는 사실을 폭로하고 있습니다. 저는 이 일을 업으로 삼고 있으며, 그런 만큼 이런저런 공적인 일에 참여할 여유가 없는 것은 물론이요, 저 자신을 위한 일조차 전혀 돌보지 못하고 있습니다. 형편이 이렇다 보니 신을 섬기는 그 일은 제게 극심한 가난을 안겨 주었습니다.

c   제가 많은 사람들의 미움을 사게 된 데는 또 다른 이유가 있습니 다. 여가를 즐기기에 충분한 시간을 가진 부잣집 자제들이 자청하 여 제 주위에 몰려들었고, 저를 따르기 시작했습니다. 청년들은 제 가 다른 사람에게 제기하는 질문을 들으며 즐거움을 느꼈으며, 가끔 씩 저를 모방하는가 하면, 다른 사람에게 질문을 제기하기도 했습니

다. 제가 보기에 그들은 얼마간의 지식을 가지고 있다고 스스로 믿고 있지만 실지로는 거의 아무것도 아는 게 없는 많은 사람을 찾아 냈습니다. 그들의 질문을 받은 사람들이 화를 냈으리라는 것은 당연지사입니다. 그런데 그 사람들은 질문을 한 청년이 아니라 저에게 화를 냈습니다. "소크라테스 저 사람은 청년들을 타락시키는 고약한 **d** 친구야."라고 말입니다. 이제 그들에게 소크라테스가 무슨 일을 하고 무엇을 가르치기에 청년들을 타락시킨다고 말하느냐고 묻는다고 합시다. 그들은 그것에 대해 아는 것이 없으며, 따라서 입을 다물어야 마땅합니다. 그런데도 그들은 당황한 모습을 애써 감추며, "천상과 지하의 모든 사물을 탐구한다."거나 "신을 믿지 않는다."거나 "나쁜 논증을 강한 논증으로 바꾼다."는 등등, 여느 애지자들을 비난할 때 할 법한 말을 저에게 갖다 붙입니다. 제가 생각하기에 그들은 진실을 말할 의향이 없습니다. 그랬다가는 자신들이 아무것도 알지 못하면서 아는 척한다는 것이 당장 탄로날 테니 말입니다. 이런 사람들은 야심도 있고 광포한 데다 그 수도 어마어마합니다. 그들은 지 **e** 속적으로, 그럴듯한 말로 저를 비난했습니다. 그들은 아주 오랫동안 저에 대한 악랄한 모함을 여러분의 귀에 가득 채웠습니다. 저에 대한 멜레토스의 공격은 그들로부터 나왔으며, 아뉘토스와 뤼콘의 그 것 또한 마찬가지입니다. 멜레토스는 화난 시인을 대신하여, 아뉘토스는 기술자와 정치가를 대신하여, 뤼콘은 웅변가를 대신하여 저를 공격하고 있는 것입니다. 사정이 이러한 만큼, 제가 변론을 시작할 때 말씀드린 바와 같이, 여러분이 알고 있는 저에 대한 그 많은 모 **24** 함을 오늘 이 자리에서 일시에 제거한다는 것은 불가능하다고 말하는 편이 옳을 것입니다. 배심원 여러분, 제가 지금까지 말씀드린 것은 모두 사실입니다. 제가 숨기거나 속인 것은 아무것도 없습니다. 물론, 저의 이런 행동방식 때문에 제가 사람들의 미움을 사고 있다는 것을 저는 잘 알고 있습니다. 그러나 이것이야말로 제가 말하는

b 것이 진실이라는 증거요, 그 모든 것들이 저에 대한 모함이라는 증거요, 그 모함이 어디서 나왔는지를 보여 주는 증거입니다. 지금이 아니라 나중에라도 조사해 보시면, 제가 한 말이 모두 사실이라는 것을 알게 될 겁니다.

저의 해묵은 고소인들을 상대로 한 변론은 이 정도로 해 두겠습니다. 지금부터 저는 자칭 선한 인간이자 애국자인 저 사람 멜레토스, 그리고 그와 함께 지금 저를 고소한 사람들을 상대로 변론하도록 하겠습니다. 이제 이 사람들을 또 다른 부류의 고소인으로 간주하고, 그들의 선서 진술서를 다시 한 번 살펴보겠습니다. 그 내용은 대체로 다음과 같습니다 ― '소크라테스는 청년들을 타락시킨 죄인이요, 아테나이 사람이면 누구나 믿는 신이 아니라 전혀 새로운 어

c 떤 신성神性, daimonion을 믿는 죄인입니다.' 이것이 그들의 고소 내용입니다. 지금부터 한 가지씩 차근차근 검토해 보도록 하겠습니다.

멜레토스는 제가 청년들을 타락시킨 죄인이라고 말합니다. 그러나 죄인은 제가 아니라 멜레토스입니다. 그는 심각한 문제를 기분 내키는 대로 다루는 자요, 무고한 사람을 법정에 세우는 무책임한 자요, 전혀 관심을 기울인 적이 없는 문제를 진지하게 고민해 온 척하는 자입니다. 그러면 이 말이 사실임을 입증해 보겠습니다. 멜레

d 토스, 이쪽으로 나와서 묻는 말에 대답해 보게나. 자네는 청년들을

훌륭한 인간으로 성장시키는 일이 다른 어떤 것보다도 중요하다고 생각하는 모양이지? ― 당연히 그렇습니다.

그렇다면 누가 청년들을 성장시키는지 배심원들에게 말씀드리게. 자네의 관심사에 비추어 볼 때 그가 누구인지 당연히 알고 있겠지. 자네는 그들을 타락시킨 사람 한 명을 찾아내었다고 말하면서 나를 지목하였고, 이 자리에 끌어내어 배심원들에게 나를 고소하지 않았나? 자, 배심원들께 고하게. 그가 누구인지 이분들께 어서 말씀드리게. 그것 봐, 멜레토스. 입을 다물고 있는 걸 보니 할 말이 없지 않은가? 부끄럽지도 않은가? 이것이야말로 자네가 그 일에 전혀 관심을 두지 않았다는 내 말이 옳다는 증거로서 충분하지 않은가? 훌륭하신 멜레토스 선생, 어서 말해 보게. 청년들을 훌륭한 인간으로 성장시키는 사람이 도대체 누구인가? ― 법法, nomos입니다. **e**

내가 물은 건 그게 아니야. 법에 관한 지식을 가진 사람 중에서 첫손가락에 꼽을 만한 분이 누구인지 말해 보게. ― 여기 계시는 배심원입니다, 소크라테스.

그건 무슨 뜻인가, 멜레토스? 여기 배심원들이 청년들을 교육하고 올바르게 성장시킬 능력이 있단 말인가? ― 확실히 그렇습니다.

배심원 모두가 그렇다는 건가, 아니면 그런 분도 있고 그렇지 않은 분도 있다는 건가? ― 이분들 모두가 그렇습니다.

이런 세상에, 참으로 반가운 소리로군. 자네 말을 듣자니 청년들에게 은혜를 베푸는 사람이 엄청나게 많군. 그렇다면 여기 계시는 청중들은 어떤가? 이분들도 청년들을 올바르게 성장시키는 데 기여 **25** 하는가, 어떤가? ― 청중들 역시 그 일에 기여합니다.

협의회 의원들은 어떤가? — 의원님들 또한 그 일에 기여하십니다.

그렇다면 멜레토스, 민회는 어떤가? 민회의 의원들은 청년들을 타락시키는가, 아니면 그들 모두 청년들을 올바르게 성장시키는 데 기여하는가? — 그분들도 청년들을 성장시키는 데 기여하십니다.

듣자 하니 아테나이 사람 모두가 청년들을 훌륭한 인간으로 만드는 데 기여하는 모양일세. 나만 빼고 말이야. 오직 나만이 청년들을 타락시키고 있군. 자네가 하려던 말이 이것인가? — 바로 그 말을 하고 싶었습니다.

b 자네는 나를 엄청난 불행의 구렁텅이로 떠미는군. 말해 보게나. 자네 주장은 말馬을 기르는 데도 적용된다고 생각하는가? 모든 사람이 말을 올바르게 성장시키는 데 기여하는 반면, 오직 한 사람만 타락시킨다고 볼 수 있을까? 사정은 정반대가 아니겠나? 우리가 조마사라고 부르는 한 사람 또는 극소수의 사람만이 말을 제대로 기를 수 있는 반면, 대다수의 사람들은 말을 관리하거나 이용하면 할수록 타락시킨다고 보아야 하지 않을까? 멜레토스, 이것은 말의 경우뿐 아니라 여타의 모든 동물의 경우에도 마찬가지가 아닐까? 자네와 아뉘토스가 인정할지 어떨지 모르겠네마는, 그렇게 보는 것이 당연하지 않겠는가? 오직 한 사람만이 청년들을 타락시키고, 나머지 사람들은 그들을 제대로 성장시키는 사태가 있다면, 더할 나위 없이 행복하겠지만 말이야.

c 멜레토스, 자네가 청년들에게 전혀 관심을 두지 않았다는 것은 자네 스스로 충분히, 그리고 명백하게 증명한 셈이야. 그 문제는 안

중에도 없었다는 것을 분명하게 보여 준 거란 말일세. 자네가 나를 이 재판에 회부한 그 문제에 대해 조금도 생각해 본 적이 없다는 것을 말이야.

그건 그렇고, 멜레토스, 제우스를 앞에 두고 말해 보게. 선한 시민과 함께 지내는 것이 좋은가, 아니면 악한 시민과 함께 지내는 것이 좋은가? 훌륭하신 멜레토스, 대답해 보시게나. 대답하기 어려운 질문도 아니지 않은가? 악한 사람은 자기 가까이에 있는 사람에게 상당한 해악을 입히는 반면, 선한 사람은 이익을 베푼다고 보아야 하지 않을까? ― 그렇겠죠.

동료에게 이익을 얻기보다는 해악을 입기를 바라는 사람이 있을 **d** 까? 훌륭하신 선생, 대답해 보게. 법이 자네에게 대답하라고 명령하고 있지 않나? 과연 해악을 입기를 바라는 사람이 있을까? ― 물론 없습니다.

좋아, 그런데 자네는 내게 청년들을 타락시켰다는 죄목을 씌워 이 자리에 나를 세우지 않았나? 내가 고의로 그렇게 했다고 생각하는가, 아니면 실수로 그렇게 했다고 생각하는가? ― 고의로 그렇게 했습니다.

이게 어찌된 일인가, 멜레토스? 나이 어린 자네가 나이 많은 나보다 훨씬 지혜 있는 사람이로군. 악한 사람은 언제나 자신의 절친한 동료에게 상당한 해악을 입히는 반면, 선한 사람은 좋은 것을 제 **e** 공한다는 것을 자네는 알고 있으니 말이야. 자네에 비하면 나는 바보 중의 바보일세. 이것조차 모르고 있었으니 말이야. 그러니까 나는 내 동료 중의 한 명을 악한 사람으로 만들면 그로부터 해악을 입게 될텐데도, 자네 말대로라면 고의로, 청년들에게 엄청난 해악을 입힌 셈이니 말일세. 멜레토스, 나는 자네 말을 믿을 수가 없네. 내가 생각하기에 어떤 사람도 그렇게 하지는 않을 걸세. 나는 청년들을 타락시키지 않았고, 설령 그랬다 하더라도 그건 내가 의도한 바가 아니네. 자네는 이 두 가지 모두에 대해 거짓말을 하고 있어. 이제 내가 실수로 청년들을 타락시켰다고 생각해 보세. 법을 따르자면, 자네는 본의 아니게 그런 잘못을 범한 사람을 법정에 세울 것이 아니라, 그를 붙들어 앉혀 놓고 무엇을 잘못했는지 사적으로 가르치고 꾸짖어야 마땅하네. 분명히 말하지만, 내가 자네로부터 좋은 가르침을 얻게 된다면, 나는 실수로 범하고 있는 잘못을 당장 그만둘 걸세. 하지만 자네는 나와 교제하는 것을 피했고, 나를 가르치려 하지도 않았어. 대신에 이 자리에 나를 세웠지. 법에 따르면, 이곳은 가르침을 받아야 할 사람이 아니라 벌을 받아야 하는 사람이 오는 자리가 아닌가?

배심원 여러분, 지금 보시는 대로 제가 드린 말씀은 분명한 사실입니다. 멜레토스는 그 문제에 전혀 관심을 두지 않았습니다. 그건 그렇고 멜레토스, 말해 보게나. 내가 청년들을 타락시켰다고 하는데 어떻게 타락시켰다는 건가? 자네 고소장을 보니, 나는 아테나이 사람 모두가 믿는 신을 믿기보다는 전혀 새로운 신성을 믿으라고 가르치는 사람으로 되어 있던데, 혹시 그것이 자네 말의 근거라고 보아도 좋을까? 내가 그것을 가르치고 있으며, 그렇기 때문에 그들을 타락시키는 사람이라고 말하고 싶은 건가? — 제가 하고 싶었던 말이 바로 그것입니다.

그런데 멜레토스, 지금 우리가 이야기하고 있는 바로 그 신과 관련하여, 나와 배심원들을 위해 분명하게 짚고 넘어가야 할 점이 있네. 자네가 하고 싶은 말은 다음 두 가지 중에 어느 쪽인가? 우선, 자네의 말에서 나는 신이 있다는 것을 가르치는 사람으로 이해될 수 있네. 이 경우에, 나는 신이 있다고 믿고 있으며, 이 점에서 나는 무신론자가 아닐 뿐 아니라, 자네가 말한 그 죄를 범하고 있지도 않아. 다만 나는 아테나이 사람들이 믿는 신이 아닌 다른 신을 믿고 있는 거지. 또 한편, 자네의 그 말은 내가 다른 사람에게 신을 믿지 않으며, 다른 사람에게 신을 믿어서는 안 된다고 가르친다는 뜻으로 이해될 수도 있어. 자네의 말은 어느 쪽인가? ― 후자입니다. 당신은 어떤 신도 믿지 않습니다. **c**

자넨 정말이지 이상한 친구로군, 멜레토스. 도대체 무슨 생각으로 그런 말을 하는 건가? 사람들은 해와 달을 신이라고 믿는데 나만 그걸 믿지 않는다는 건가? ― 이런 세상에, 배심원 여러분, 제우스를 앞에 두고 말씀드립니다. 저 소크라테스는 지금 태양이 돌로 되어 있고 달은 흙으로 되어 있다고 말하고 있습니다. **d**

친애하는 멜레토스, 자네가 고소한 사람이 아낙사고라스Anaxagoras라고 생각하고 있는 것 아닌가? 자네 지금 배심원들을 무시하는 건가? 이분들이 클라조메나이 출신의 아낙사고라스가 쓴 책을 읽지 않았을 정도로 학식이 없는 사람들이라고 생각하는 건가? 그런 종류의 이론들로 가득 찬 그의 책 말일세. 그거야 운 좋으면 시장 책방에서 겨우 1드라크메drachme면 살 수 있지 않은가? 게다가 청년들이 내게서 그런 이론들을 배운단 말인가? 내가 그 이론들 **e**

을 마치 내 것인 양 내세운다면 사람들이 나를 얼마나 비웃겠나? 그건 누가 보더라도 엉터리 이론들이 아닌가? 멜레토스, 제우스를 앞에 두고 나에 대한 자네의 생각을 말해 보게. 자네는 내가 어떤 신도 믿지 않는다고 생각하나? ― 제가 하려던 말이 바로 그것입니다. 당신은 어떤 신도 믿지 않습니다.

멜레토스, 자네가 하는 말을 자네는 믿을 수 있는지 의심스럽군. 배심원 여러분, 제가 보기에 이 사람은 오만불손하기 짝이 없습니다. 그가 작성한 고소장에는 오만하고 광포하고 혈기왕성한 이 청년의 기질이 고스란히 담겨 있는 듯합니다. 수수께끼 하나를 만들어서 우리가 그것을 풀 수 있는지 시험하고 있으니 말입니다. "내가 지금 장난삼아 앞뒤가 안 맞는 말을 하고 있는데, 저 지혜롭다는 소크라테스가 과연 알아차릴까? 소크라테스와 여러 사람들을 내가 속일 수 있을까?"라고 말입니다. 제가 생각하기에 멜레토스는 선서 진술서에서 앞뒤가 맞지 않는 말을 하고 있습니다. "소크라테스는 신을 믿지 않지만, 신을 믿기 때문에 유죄다."라는 식의 말을 하고 있는 것입니다. 이것이 장난이 아니면 무엇이란 말입니까?

여러분, 지금부터 멜레토스가 어떻게 스스로 모순을 범하고 있는지 저와 함께 검토해 봅시다. 이보게 멜레토스, 대답해 보게. 여러분, 제가 변론을 시작할 때 부탁드린 것을 기억하고 계시죠? 제게 익숙한 방식으로 논의를 진행하더라도 소란 피우지 말아 주십시오.

멜레토스, '인간이 하는 이러저러한 일이 있다.'는 것은 믿지만 '인간이 있다.'는 것은 믿지 않는 사람이 있을까? 저 사람이 대답할 수 있게 도와주십시오. 그리고 자꾸 이런 식으로 소란을 피우지 말아 주세요. '말馬이 있다.'는 것은 믿지 않지만 '말이 하는 이러저러한 일이 있다.'는 것은 믿는 사람이 있을까? '피리로 연주하는 음악이 있다.'는 것은 믿지만 '피리연주자가 있다.'는 것은 믿지 않는 사람이 있을까? 그래, 훌륭하신 멜레토스 선생, 그런 사람은 있을 수 없어. 자네가 계속 그렇게 입을 다물고 있으면 자네와 배심원들에게 내가 대신 대답을 하겠네. 그렇지만 다른 것은 몰라도 이 질문에는 **c** 대답을 해 주게. '신성이 하는 활동이 있다.'는 것은 믿으면서 '신성이 있다.'는 것은 믿지 않는 사람이 있을까? 있는가, 없는가? — 없습니다.

배심원들 앞이라 마지못해 입을 열었겠지만, 어쨌든 대답해 줘서 고맙네. 그렇다면 자네는 지금 내가 '신성이 하는 활동이 있다.'는 것을 믿으며 또 그것을 청년들에게 가르치고 있다고 말한 거로군. 새로운 것이건 오래된 것이건 간에, 어쨌거나 내가 신성이 하는 활동이 있다는 것을 믿는다고 인정한 셈이야. 방금 자네가 한 말을 봐서도 그렇고, 자네가 쓴 선서 진술서에도 그렇게 되어 있어. 그런데 자네 말대로 내가 '신성이 하는 활동이 있다.'고 믿는다면, 그것의 필연적 귀결로서, 나는 '신성한 존재가 있다.'는 것도 믿는다고 보아야 하지 않을까? 그렇지 않은가? 당연히 그렇다고 보아야 해. 자네가 대답하지 않으면 내 질문에 동의하는 것으로 간주하겠네. 우리가 **d** 믿는 신들이나 그들의 자녀가 신성한 존재에 해당하지 않은가? 그런지 아닌지 대답해 보게. — 당연히 그렇습니다.

나는 신성한 존재가 있다는 것을 진심으로 믿으며 자네가 인정한 바와 같이 신성한 존재는 곧 신일세. '소크라테스는 신을 믿지 않는다.'라고 말해 놓고, 뒤이어 곧바로 '소크라테스는 신을 믿는다.'는 식의 수수께끼 같은 말을 하면서 자네가 장난을 치고 있다고 말한 것은 바로 이런 이유 때문이야. 왜냐하면 나는 신성한 존재가 있다는 것을 믿고 있기 때문이야. 또 한편, 신들의 자녀, 그리고 사람들이 말하는 대로, 요정 님페나 그 밖의 여신을 어머니로 둔 서자庶子가 신성한 존재에 해당한다면, '신의 자녀가 있다.'는 것을 믿으면서 그와 동시에 '신은 없다.'고 믿는 사람이 세상에 어디 있겠는가? 그런

e 사람이 있다면, 그는 당나귀 새끼나 망아지가 있다는 것은 믿으면서 그 어미인 당나귀나 말은 없다고 믿는 것만큼이나 우스꽝스러운 사람이 아닌가? 그런 만큼 멜레토스, 자네가 고소장을 그렇게 쓴 것은 우리를 시험해 보기 위해서이거나, 아니면 나를 고소하는 데 필요한 진짜 잘못을 찾을 수 없어서 그렇게 한 것이거나 둘 중 하나라고 볼 수밖에 없어. 조금이라도 생각이 있는 사람이면 '신성한 존

28 재나 신들이 하는 활동이 있다고 믿는 어떤 사람이 있는데, 바로 그 사람이 신성이나 신이나 영웅이 존재한다는 것을 믿지 않는다.'는 자네 말에 도대체 누가 넘어간단 말인가?

배심원 여러분, 멜레토스가 고소장에서 제게 뒤집어씌운 죄를 짓지 않았다는 것을 증명하기 위해 더 이상의 변론이 필요하다고는 생각하지 않습니다. 사실 이것으로 충분합니다. 그리고 또 한편, 앞에서 제가 말씀드렸던 것, 즉 어째서 제가 많은 사람들에게 그토록 큰 미움을 사게 되었는지에 대해서도 여러분이 알게 되었으리라 생각합니다. 제가 이미 돌이킬 수 없는 파멸의 길에 들어섰다면, 저를 그 길로 내몰고 있는 것은 멜레토스나 아뉘토스가 아니라 많은 사람

들의 모함과 질투입니다. 지금까지 많은 선한 사람들이 이와 유사한 모함과 질투로 죽임을 당했습니다. 제가 생각하기에 앞으로도 그럴 **b** 것입니다. 제가 마지막이 될 것이라는 경고는 어디에도 없습니다.

　어떤 사람은 이렇게 말할지 모릅니다. "소크라테스, 부끄럽지 않은가? 그런 일을 해 오다가 결국 지금 죽임을 당할 위기에 처하지 않았는가?" 과연 그럴까요? 저는 주저없이 그에게 이렇게 대답하겠습니다. "여보게, 조금이라도 선한 사람이라면 자기가 하는 일이 자신을 죽음으로 이끌지, 아니면 삶으로 이끌지 염려해야 한다는 것이 자네의 생각이라면, 그건 틀렸어. 선한 사람이 염려해야 할 것은 자신이 하는 행동이 옳은지 그른지, 선한 사람이 할 만한 행동인지 아니면 악한 사람이 할 만한 행동인지, 오직 이것 하나일세." 그 **c** 런 사람의 관점에서 보면, 트로이아 전쟁에서 죽은 영웅들은 형편없는 존재들입니다. 불명예를 참지 못하고 기꺼이 위험한 길을 택한 테티스Thetis의 아들—아킬레우스Achilleus—은 특히 그렇습니다. 헥토르Hektor를 죽이겠다는 복수심에 불타 있는 아들에게, 여신인 그의 어머니가 이런 말로 훈계했던 것으로 기억합니다. "아들아, 죽은 네 친구 파트로클로스Patroklos의 복수를 위해 헥토르를 죽인다면 너도 죽게 된다. 헥토르의 죽음에 뒤이어 곧바로 네가 죽게 되어 있단다." 이 말을 듣고서도 그는 죽음과 위험을 대수롭지 않게 생각했으며, 그보다는 친구의 복수를 멀리한 채 비겁하게 사는 것을 더 크게 두려워했습니다. 그는 말합니다. "저 사악한 자에게 응분의 벌을 내 **d** 릴 수 있다면, 당장이라도 죽겠습니다. 이곳에 남아 구부러진 배 옆에 서서 세상의 웃음거리가 되고, 대지의 짐이 되기보다는 말입니다.” 어떻습니까? 그에게 죽음이나 위험 따위는 안중에도 없지 않습니까?

배심원 여러분, 그 문제의 진실은 이것입니다. 자신이 생각하는 가장 좋은 자리를 잡은 사람이건, 아니면 상관이 배치한 자리에 있는 사람이건 간에, 제가 보기에, 누구든지 자신의 자리를 지키며 위험에 맞서야 합니다. 죽음이나 그 밖의 어떤 두려움도 떨쳐 버리고, 오직 불명예스러운 사람이 되지 않기를 바라면서 말입니다. 배심원 여러분, 저는 제가 그런 끔찍한 방식으로 행동하는 것을 상상조차할 수 없습니다. 포테이다이아에서, 암피폴리스에서, 그리고 델리온에서, 여느 병사들이 그렇게 하듯이 저는 죽음을 무릅쓰고 여러분이 뽑은 지휘관이 저에게 명령한 자리를 지켰습니다. 그리고 이제 신이 제게 명령하였습니다. 저는 그렇게 생각하며, 또 그렇게 믿고 있습니다. 신은 제게 애지자愛知者로서의 삶을 살라고, 저 자신과 다른 사람을 검사하면서 살라고 명령하였습니다. 그런 제가 죽음이나 그 밖의 어떤 두려움을 이기지 못하고 신이 명령한 저의 자리를 포기한다면 어떻게 되겠습니까? 참으로 끔찍한 일이 아닐 수 없습니다. 그리고 제가 신이 있다는 것을 믿지 않았다거나, 신탁에 복종하지 않았다거나, 죽음을 두려워했다거나, 지혜롭지 않은데도 지혜롭다고 생각했다면, 그때야말로 이곳 법정에 끌려 나왔어야 마땅합니다. 여러분, 죽음을 두려워하는 것은 지혜롭지 않은데도 스스로를 지혜롭다고 생각하는 것, 알고 있지 못하는 것을 알고 있다고 생각하는 것과 조금도 다르지 않습니다. 죽음이 우리가 누릴 수 있는 축복 중에서 가장 큰 축복을 선사할지 어떨지 우리는 알지 못합니다. 그런데도 사람들은 죽음이 엄청난 해악을 가져다준다는 것을 알고 있는 듯이 그것을 두려워합니다. 분명히 말하여, 알지 못하면서도 알고 있다고 생각하는 것이야말로 비난받아 마땅한 무지입니다. 여러분, 이 **b** 문제와 관련하여, 저는 대다수의 사람들과 다음과 같은 점에서 같지 않은 듯합니다. 제가 어떤 면에서 다른 사람보다 더 지혜롭다고 주장할 수 있다면, 그것은 바로 제가 이 점을 인정하기 때문입니다. 저는 저세상이 어떤 곳인지에 대해 변변한 지식을 가지고 있지 않으며, 그렇기 때문에 죽음에 대해 알고 있다고 생각하지 않습니다. 그렇지만 대상이 신이건 인간이건 간에, 자신보다 나은 존재에게 복종하지 않는 것이야말로 사악하고 부끄러운 일이라는 것을 저는 잘 알고 있습니다. 저는 제가 알지 못하는 것, 다시 말하여, 제가 나쁜 것이라고 알고 있는 것이면 모르되, 좋은지 어떤지 알지 못하는 어떤 **c** 것을 두려워하거나 피하지 않습니다. 여러분이 아뉘토스를 믿는 대신에 지금 저를 석방한다고 하더라도 달라질 것은 없습니다. 아뉘토스는 여러분에게 이렇게 말했습니다. 애당초 저를 끌어내지 않았다면 모를까 이렇게 이 자리에 세운 이상, 저에게 반드시 사형을 선고해야 한다고 말입니다. 그 이유로서, 여러분이 저를 무죄로 석방한다면, 여러분의 아이들은 소크라테스의 가르침을 실천할 것이며, 예외 없이 철저하게 타락할 것이라는 점을 들고 있습니다. 그 대응으로서, 여러분이 저에게 다음과 같이 말한다고 생각해 봅시다. "소크라테스, 이번에 우리는 아뉘토스의 말을 믿는 대신 당신을 석방하기로 했소. 다만 한 가지 조건이 있소. 신탁의 명령을 확인하기 위한 탐구, 지혜에 대한 사랑을 실천하는 그 행위를 당장 그만두시오.

d 다시 그 일을 하다가 잡히면 그때는 사형에 처하겠소." 이렇게 말하면서, 그것을 따른다는 조건으로 여러분이 저를 석방하겠다고 한다면, 저는 이렇게 대답하겠습니다. "배심원 여러분, 저는 여러분을 존경하고 사랑합니다. 그렇지만 여러분보다는 신에게 복종하겠습니다. 제게 숨이 붙어 있는 한, 제가 할 수 있는 한, 저는 지혜에 대한 사랑을 실천하고 여러분을 꾸짖을 것이며, 평소에 하던 방식대로, 제가 만나는 여러분 한 사람 한 사람에게 다음과 같이 지적하는 일을 그만두지 않겠습니다. 훌륭하신 선생, 그대는 지혜와 힘 모두에

e 서 명성이 높은, 가장 위대한 도시 아테나이의 시민이 아닌가? 그런 그대가 지혜나 진리를 추구하는 데에, 자네의 영혼을 최선의 상태로 만드는 데에 마음을 쓰는 대신에, 어떻게든 돈을 더 많이 가지는 데에, 어떻게든 평판과 명예를 드높이는 데에 매진하고 있으니 부끄럽지 않은가?" 저의 이 말에 대해 여러분 중의 누군가가 이의를 제기하면서, 자신도 그 일에 마음을 쓰고 있다고 말한다면, 저는 즉각 그를 붙들거나 그의 곁에 붙어 있을 것이며, 그에게 질문을 제기할 것이며, 그를 검사하고 시험할 것입니다. 그리고 제가 보기에는 그가 덕을 갖추고 있지 않은데도 그것을 갖추고 있다고 말하고

30 있다면, 저는 그를 꾸짖을 겁니다. 왜냐하면 그는 참으로 중요한 일을 대수롭지 않게 생각하고 사소한 일을 더 중요하게 여기는 사람이기 때문입니다. 저는 제가 만나게 되는 모든 사람을 이런 방식으로 대하겠습니다. 그가 청년이건 성인이건, 아테나이 시민이건 이방인이건 말입니다. 아테나이 시민이라면 저와 더 가까운 사이이니 더욱 철저하게 하겠습니다. 장담하건대, 제가 이 일을 하는 것은 신이 그

렇게 하라고 명령했기 때문입니다. 그리고 제가 생각하기에, 아테나이가 받을 수 있는 축복 중에서 제가 신에게 봉사하는 이 일보다 더 큰 축복은 없습니다. 왜냐하면 저는 이곳저곳을 돌아다니면서, 청년이건 성인이건 여러분 모두를 위해 오직 한 가지 일, 영혼을 최선의 **b** 상태로 만드는 것보다 더 중요한 일은 없다는 것, 몸을 가꾸고 돈을 버는 일을 그것보다 더 중요하게 여겨서는 안 된다는 것을 설득하고 있기 때문입니다. 저는 이렇게 말하겠습니다. "돈에서 덕이 생기지 않습니다. 그 반대로, 돈을 포함하여 공적인 면에서나 사적인 면에서 인간에게 필요한 그 밖의 모든 축복은 덕에서 나옵니다."

이제 누군가가 조금 전에 한 저의 말을 들어 제가 청년들을 타락시켰다고 주장한다면, 저의 충고가 그들에게 '해로운' 영향을 미친다는 것을 인정하겠습니다. 그러나 제가 그것과는 다른 충고를 한다고 누군가가 말한다면, 그것은 터무니없는 주장입니다. 배심원 여러분, 지금 이 시점에서 꼭 드려야 할 말씀이 있습니다. "아뉘토스의 말을 믿으셔도 좋고 믿지 않으셔도 좋습니다. 저를 석방해 주셔도 좋고 벌을 주셔도 좋습니다. 어느 경우이건 간에 알아 두셔야 할 것이 있 **c** 습니다. 저는 저의 행동방식을 바꾸지 않을 것이며, 수백 번 죽임을 당한다 하더라도 마찬가지입니다." 여러분, 소란 피우지 말아 주십시오. 제가 부탁드린 대로 소리 지르지 마시고 저의 말에 귀 기울여 주십시오. 저의 얘기를 듣는 것이 여러분에게도 이익이 될 겁니다. 이제 몇 마디를 덧붙이고자 합니다. 이 말을 들으면 여러분은 아마 고함을 칠지도 모르겠습니다. 제발 그러지는 말아 주십시오. 지금까지 저는 제가 어떤 일을 해 왔는지 말씀드렸습니다. 장담하건대, 여러분이 저와 같은 사람을 죽인다면, 제가 입게 될 해악보다 훨씬 더 큰 해악을 여러분이 입게 될 것입니다. 멜레토스나 아뉘토스가 무슨 짓을 한다고 해도 그들이 제게 해악을 입힐 수는 없습니다. 저들은

d 제게 어떤 해악도 입히지 못했습니다. 왜냐하면, 제가 생각하기에, 더 나은 사람이 그보다 못한 사람으로부터 해악을 입는다는 것은 있을 수 없는 일이기 때문입니다. 그들은 어쩌면 저를 죽이거나, 추방하거나, 시민권을 박탈할 수 있을지 모릅니다. 그렇게 함으로써 그들은 제게 커다란 해악을 입혔다고 생각할 것이며 아마 다른 사람들도 그렇게 생각할지 모릅니다. 그러나 저는 그렇게 생각하지 않습니다. 제가 보기에, 저들은 자신들이 지금 하는 저 행동, 부정한 방법으로 무고한 사람을 죽이려는 저 시도로 말미암아, 제가 받는 그것보다 더 큰 해악을 입게 될 것입니다. 그러므로 배심원 여러분, 제가 지금 하고 있는 변론은 저를 위한 것이 전혀 아닙니다. 짐작하시겠지만, 이 변론은 여러분을 위한 것입니다. 저는 지금 제게 유죄판

e 결을 내림으로써 신이 여러분에게 주신 선물인 저를 함부로 다루는 잘못을 범하는 것을 막기 위해 변론을 하고 있습니다. 왜냐하면, 만약 여러분이 저를 사형에 처한다면, 저와 같은 사람을 찾기가 쉽지 않을 것이기 때문입니다. 저는 신이 이 도시를 위해 여러분에게 붙여 놓은 존재입니다. 비유가 약간 우스꽝스럽기는 합니다마는, 여기에 크고 혈통이 좋은 말이 있다고 합시다. 이 말은 큰 몸집 때문에 자칫 둔해질 수 있습니다. 이 말에게 필요한 것은 그 몸에 달라붙어서 귀찮게 하는 등에입니다. 신이 이 도시에 저를 살게 한 것은 이 도시를 위해 등에가 하는 그 일을 하도록 하기 위한 것이라고 저

는 믿고 있습니다. 그렇기 때문에 저는 잠들어 있는 여러분 한 사람 한 사람을 깨우고, 여러분이 있는 곳이면 어디라도 가서 온종일 여러분을 설득하고 꾸짖는 일을 그만둘 수가 없습니다. **31**

여러분, 저와 같은 사람을 또 만나기는 쉽지 않을 겁니다. 여러분이 저의 말을 믿으신다면 저를 소중한 존재로 대우하시겠지요. 그러나 그렇게 하기보다는 선잠에서 깨어난 사람처럼 화를 내며 저를 때릴 가능성이 더 커 보입니다. 경솔하게도 아뉘토스의 충고를 받아들여 저를 죽인다면, 여러분은 여생을 잠 속에서 보내게 될 겁니다. 신이 여러분을 염려하여 또 다른 누군가를 보내 주지 않는다면 말입니다. 말씀드린 대로, 저는 이 도시를 위해 신이 내린 일종의 선물입니다. 이걸 말씀드리면 여러분도 그 점을 인정하시리라 생각합니다. 지금까지 저는 저 자신을 위한 일체의 일을 도외시하였으며, **b** 그것들을 도외시한 데 따른 온갖 수모를 참으로 여러 해 동안 견디며 살아왔습니다. 이것은 인간의 본성에 어긋나는 일이 아닌가 싶습니다. 대신에 저는 언제나 여러분에게 관심을 기울였습니다. 여러분 한 사람 한 사람에게 다가가서 마치 여러분의 아버지나 형이 그렇게 하듯이, 덕을 추구하는 일에 관심을 기울이도록 여러분을 설득하였습니다. 지금 생각해 보니 저의 충고에 대한 보수를 요구하여 그 일에서 이익을 챙겼더라면, 그것도 나름대로 의미가 있었을 거라 생각합니다. 그러나 지금 여러분이 직접 보신 바와 같이, 저의 고소인들은 파렴치하게도 온갖 것을 갖다 붙여서 저를 고소하고 있습니다마는, 제가 보수를 받거나 요구한 적이 있다고 증언할 사람을 데려오 **c** 지는 못할 것입니다. 사정은 정반대입니다. 저는 제가 하는 말이 사실이라는 확실한 증거를 가지고 있습니다. 지금 제가 겪고 있는 가난이 그것입니다.

　제가 여기저기 돌아다니면서 사적으로 충고하고 사적인 일에 끼어들 뿐, 과감하게 의회에 진출하여 도시 전체를 위해 충고하는 일은 왜 하지 않는지 의아해하는 분이 계실지 모르겠습니다. 저는 지금까지 여러 자리에서 그 이유를 말씀드린 바 있습니다. 멜레토스의 고소장에 조롱거리로 등장하고 있기도 합니다마는, 저는 신성으로부터 신호를 받습니다. 어렸을 때부터 저는 그 신호를 받아 왔습니다. 그것은 일종의 목소리로서, 제가 하려는 어떤 행동을 제지하고자 할 때는 언제나 제게 그것을 하지 말라고 말하지만, 어떤 행동을 하라고 부추기는 경우는 없습니다. 제가 공적인 일에 참여하지 못하도록 막고 있는 것은 바로 그 목소리입니다. 제가 생각하기에, 그 목소리가 저를 막고 있는 데에는 그럴 만한 충분한 이유가 있습니다. 배심원 여러분, 장담하거니와, 제가 정치에 참여했다면 저는 이미 오래전에 죽었을 것이며, 여러분과 저 자신 모두에게 아무런 이익도 제공하지 못했을 것입니다. 화내지 말아 주십시오. 저는 지금 진실을 말하고 있습니다. 여러분과 대중의 의견에 올곧게 반대하는 사람, 도시 안에서 벌어지는 온갖 부정과 위법 행위에 정면으로 맞서는 사람치고 목숨을 부지하는 사람은 없습니다. 정의를 위한 진정한 투사가 되고자 하는 사람이라면, 그리고 얼마간이라도 목숨을 부지하면서 그 일을 하고자 하는 사람이라면, 공적인 삶이 아니라 사적인 삶을 살아야 합니다.

　지금부터 저는 이것의 강력한 근거를 제시하겠습니다. 말이 아니라 행동으로, 여러분이 높이 평가하는 그것으로 말입니다. 제가 겪었던 일을 들으면 아시겠지만, 저는 죽음을 두려워한 나머지 정의를 저버리고 다른 사람에게 굴복하는 그런 사람이 아닙니다. 굴복하지 않으면 당장 죽임을 당할 처지에 있을 때도 그랬습니다. 지금부터 제가 하려는 말은 법정에서의 상투적이고 진부한 이야기일 수 있겠습니다마는, 어쨌거나 사실인 것만은 분명합니다. 저는 아테나이 협의회의 일원으로서 딱 한 번, 공적인 일에 참여한 적이 있습니다. **b** 제가 속해 있는 안티오키스 부족이 협의회의 업무를 관장하고 있던 때였습니다. 그때 해전에서 물에 빠진 병사를 구출하는 데 실패한 일이 벌어졌습니다. 여러분은 그 일에 관련된 열 명의 장군을 일괄로 재판에 넘겨야 한다고 주장했습니다. 여러분도 나중에 인정하셨지만, 그것은 불법이었습니다. 당시 그 일을 관장하던 운영위원회에서 법에 어긋나는 것임에 틀림없는 여러분의 요구에 정면으로 맞서고, 그 안건에 반대표를 던진 위원은 저 한 사람뿐이었습니다. 여러 웅변가들이 즉각 저를 기소하고 자리에서 끌어내리려 했으며, 여러분도 목소리 높여 그들을 부추겼습니다. 하지만 저는, 여러분이 정의롭지 못한 길을 가고 있는 한, 감옥이나 죽음을 두려워하여 여러 **c** 분의 편에 합류하기보다는 어떤 위험을 감수하고서라도 법과 정의의 편에 서야 한다고 생각했습니다.

이것은 우리 아테나이가 민주정民主政이던 시절에 제가 겪었던 일입니다. 그 후에 우리 도시에 과두정寡頭政이 들어섰습니다. 당시 정권을 잡고 있던 30인이 저를 다른 네 사람과 함께 공회당으로 소환하였으며, 살라미스 사람인 레온Leon을 처형할 요량으로 그를 잡아

오라고 명령하였습니다. 당시 그들은 사람들을 자신들의 범죄에 어

d 떻게든 끌어들이기 위해 그런 식의 얼토당토않은 명령을 여러 사람
에게 내렸습니다. 이런 자리에는 어울리지 않는 저속한 이야기라는
느낌이 없지 않습니다마는, 그때 저는 다시 한 번 말이 아니라 행동
으로 보여 주었습니다. 죽음 따위는 조금도 염려하지 않는다는 것,
저의 유일한 관심은 부정의하지 않고 불경스럽지 않게 행동하는 데
있다는 것을 말입니다. 무소불위의 권력을 휘두르던 당시의 정부조
차도 저를 협박하여 범죄에 끌어들이지 못했습니다. 그 명령을 받고
공회당을 나온 후, 저를 제외한 나머지 네 사람은 살라미스로 가서
레온을 붙잡아 왔습니다마는, 저는 곧장 집으로 돌아갔습니다. 그
후 얼마 되지 않아 과두정이 무너지지 않았다면, 저는 아마 그 일

e 때문에 죽임을 당했을 겁니다. 이 일들이 사실임을 증언해 줄 사람
은 수없이 많습니다.

　　공적인 일에 참여하면서 선한 사람이 행해야 마땅한 행동을 했
다면, 어떻게든 정의를 수호하려고 하고 그것을 다른 어떤 것보다도
더 중요하게 여기며 행동했다면, 제가 과연 이렇게 여러 해 동안 목
숨을 부지할 수 있었을까요? 배심원 여러분, 그것은 완전히 불가능
했을 것이며, 그것이 불가능하기는 다른 누구도 마찬가지였을 것입

33 니다. 평생토록 저는, 공적인 활동에 참여하던 경우에도, 언제나 사
적인 삶을 살던 바로 그 사람 소크라테스였습니다. 저는 부정의하게
행동하는 사람들과 타협하지 않았습니다. 그런 행동을 하는 어느 누
구와도, 저의 제자랍시고 제 이름을 팔고 다니는 사람들과도 그랬
습니다. 지금까지 저는 어느 특정인의 교사가 되어 본 적이 없습니

다. 제가 신으로부터 받은 저의 임무를 수행하고 다른 사람과 대화를 나눌 때, 옆에서 그것을 듣고자 하는 사람이 있으면, 그가 청년이건 성인이건 누구이건 간에 한 번도 거절한 적이 없습니다. 제게 보수를 제공하는 사람과는 대화를 하고, 그렇지 않은 사람은 멀리하 **b** 는 그런 일도 하지 않았습니다. 저는 부유한 사람과 가난한 사람 모두에게 공평하게 질문을 할 준비가 되어 있습니다. 저의 질문에 대답하고 제가 하는 말에 귀 기울일 의향이 있는 사람이면 누구라도 말입니다. 당연한 말이지만 그렇다고 하여 저와 대화를 나눈 사람들이 선한 행동을 하느냐 악한 행동을 하느냐에 대한 책임이 저에게 있다고 볼 수는 없습니다. 왜냐하면 저는 그들에게 무엇인가를 가르쳐 주겠다고 약속한 적도, 가르친 적도 없기 때문입니다. 만약 어떤 사람이 제게 무엇인가를 배웠다고 말하거나, 누구도 듣지 못한 어떤 것을 사적인 자리에서 들었다고 말한다면, 그것은 전혀 사실이 아닙니다.

그렇다면 어째서 많은 사람들이 그토록 많은 시간을 저와 함께 보내려고 했던 걸까요? 배심원 여러분, 지금까지 여러분은 제게서 **c** 그 이유를 들으셨으며, 제가 드린 말씀은 모두 사실입니다. 그들은 지혜롭지 않은데도 지혜롭다고 생각하는 사람을 상대로 제가 따져 묻는 것을 들으며 즐거워했습니다. 사실 재미없는 일은 아니었을 겁니다. 말씀드린 바와 같이, 제가 그렇게 한 것은 신이 그렇게 하라고 명령했기 때문입니다. 신탁과 꿈을 통해서, 그리고 신이 인간에게 어떤 것을 명령할 때 감지되는 신성한 징표 등 여러 가지 방식을 통해서 말입니다. 여러분, 저의 이 말은 사실이며, 이 자리에서 어렵지 않게 증명할 수 있습니다.

d   제가 일부 청년들을 타락시키고 있고, 또 누군가를 타락시켰다고 가정해 봅시다. 이제 그들이 성장하여 어른이 되었다고 합시다. 그들 중에는 자신이 어렸을 때 제가 부당한 충고를 했다고 생각하는 사람이 틀림없이 있을 겁니다. 그런 사람이라면 오늘 이 자리에 직접 나와서 저를 고소하고, 제게 복수를 하려 할 것입니다. 당사자가 직접 그렇게 하려 하지 않는다면, 그의 아버지나 형제나 친척 등, 그와 혈연 관계에 있는 몇 사람이라도 지금 이 자리에서 그 사실을 환기시켰어야 마땅합니다. 자신의 가족이 제게서 해악을 입

e 었다면 말입니다. 대충 둘러보니 지금 이 자리에는 그 일을 할 만한 많은 사람이 와 있습니다. 우선, 저의 동갑내기 친구이자 저와 같은 지역에 사는 크리톤Kriton이 와 있습니다. 그는 크리토보울로스Kritoboulos의 아버지입니다. 다음으로 스페토스 지역에 사는 뤼사니아스Lysanias도 와 있습니다. 그는 아이스키네스Aischines의 아버지입니다. 케피시아 지역에 사는 안티폰Antiphon도 와 있습니다. 그는 에피게네스Ephigenes의 아버지입니다. 그뿐만 아니라, 많은 시간을 저와 함께 보낸 청년을 자신의 형제로 둔 사람도 여기에 여럿 와 있습니다. 테오조티데스Theozotides의 아들 니코스트라토스Nikostratos가 와 있습니다. 그는 테오도토스Theodotos의 형제입니다. 테오도토스는 이미 고인이 되었으므로, 그에게 어떤 영향력도 행사할 수 없습

34 니다. 데모도코스Demodokos의 아들 파랄로스Paralos도 이 자리에 있습니다. 그는 테아게스Theages의 형제입니다. 아리스톤Ariston의 아들 아데이만토스Adeimantos도 보이는군요. 그는 이 자리에 있는 플라톤

의 형제입니다. 여기에 아폴로도로스Apollodoros의 형제인 아이안토
도로스Aiantodoros도 와 있습니다.

이 밖에도 여러 사람을 더 언급할 수 있습니다. 멜레토스는 이들
중의 몇 사람을 자신의 연설에 대한 증인으로 내세웠어야 마땅합니
다. 혹시 그가 깜빡 잊은 것이라면, 지금이라도 그에게 그럴 기회를
줬으면 합니다. 그런 식의 발언을 하겠다고 하면, 저는 그에게 발언
권을 양보할 용의가 있습니다. 만약 그렇게 한다면, 여러분은 정반
대의 이야기를 들으시게 될 겁니다. 여러분, 이 사람들은 모두, 멜 **b**
레토스와 아뉘토스의 말을 빌자면, 자신을 타락시켰거나 가족에게
해악을 끼친 그 사람을 돕기 위해 기꺼이 이 자리에 와 있는 것입니
다. 저 때문에 타락한 사람이 저를 돕겠다고 나서는 데는 그럴 만한
이유가 있다고 보아야 할지 모릅니다. 그러나 타락하지 않은 사람,
연세가 지긋한 그의 집안 사람이 저를 돕겠다고 나서는 것은 왜일
까요? 그 이유는 오직 하나, 그렇게 하는 것이 올바르고 타당하다고
생각하기 때문입니다. 이들은 멜레토스가 지금 거짓말을 하고 있으
며, 제가 하는 말이 사실임을 알고 있는 것입니다.

좋습니다, 배심원 여러분, 이와 유사한 말을 더 할 수도 있겠습
니다마는, 저의 변론은 이 정도로 해 두어도 충분할 듯합니다. 여러
분 중에는 화를 내는 분이 계실지 모르겠습니다. 저보다 위험부담이 **c**
적은 고소를 당해 법정에 선 사람도 배심원에게 읍소하고 애원하며,
자식뿐 아니라 최대한 많은 친구와 친척까지 법정에 데리고 나와서
어떻게든 많은 동정심을 사려고 애쓰는데, 저는 그런 행동을 전혀
하지 않는 것은 물론이거니와, 심지어 스스로 치명적 위험을 자초하

d 고 있지 않은가 하는 생각을 하면서 말입니다. 그러면서 저에 대해 분개하고, 저의 태도에 화를 낼 수 있으며, 성을 내며 자신의 표를 경솔하게 행사할지 모릅니다. 여러분 중에 그런 사람이 있다면, 그런 사람이 없으리라 믿습니다마는, 만약 있다면, 제가 드릴 수 있는 말씀은 이것입니다. 훌륭하신 선생님, 저 또한 한 집안의 가장입니다. 호메로스Homeros의 표현을 빌리면, '참나무나 바위에서 나온' 것이 아니라 사람에게서 태어난 인간입니다. 그런 만큼 저에게는 가족이 있으며, 그리고 배심원 여러분, 세 명의 아들이 있습니다. 장성한 큰아들과 아직은 어린 두 아들, 이렇게 셋입니다. 그럼에도 저는 아이들을 여기에 데리고 나와 저를 석방해 주십사 여러분께 애걸할 생각이 추호도 없습니다. 제가 어째서 그런 일을 하지 않는다고 생

e 각하십니까? 여러분, 제가 건방져서 그러는 것도, 여러분을 우습게 여겨 그러는 것도 아닙니다. 제가 죽음에 직면하여 용감하게 행동하는가 아닌가 하는 것도 그것과는 아무런 상관이 없습니다. 저와 여러분에 대한 평판을 고려할 때, 나아가 우리 아테나이 전체의 평판을 고려할 때, 그런 행동을 하는 것은 옳지 않다고 생각합니다. 제나이와 저에 대한 평판을 생각하면 더욱 그렇습니다. 사실인지의 여

35 부와는 무관하게, 이 사람 소크라테스가 어떤 면에서는 대다수 사람들보다 훌륭하다는 것이 통념으로 자리잡고 있습니다. 여러분 중에 지혜나 용기나 그 밖의 다른 덕을 가지고 있다는 점에서 훌륭한 사람으로 인정받는 사람이 있다고 합시다. 그 사람이 앞에서 제가 말한 그런 모습을 보인다면, 참으로 불명예스러운 일이라 아니할 수 없습니다. 그런데 대단한 인물로 인정받던 사람이 법정에 서게 되면

그런 식의 행동을 하는 것을 저는 자주 목격했습니다. 마치 죽음보다 더 끔찍한 일은 없다고 생각하는 사람처럼, 여러분이 사형에 처하지만 않는다면 영생을 누리기라도 할 사람처럼, 그런 식의 어처구니없는 행동을 하는 것을 말입니다. 제가 보기에, 이런 사람들은 아테나이 전체를 욕보이는 자들입니다. 그들에 대해서는 이방인조차 **b** 이렇게 생각할 것입니다—아테나이 시민들 사이에서 덕을 갖춘 사람으로 정평이 나 있고, 그들의 손에 의해 선출되어 공직에 올랐을 뿐 아니라, 여러 면에서 명예까지 얻은 사람이 부녀자만도 못한 짓을 하고 있지 않은가 하고 말입니다. 배심원 여러분, 여러분은 그런 식으로 행동해서는 안 됩니다. 작은 평판이라도 얻은 분이라면 더욱 그렇습니다. 그리고 우리가 그런 행동을 하려고 하면 그렇게 하지 못하도록 여러분이 막으셔야 합니다. 법정에서 평정심을 유지하는 사람보다는 동정심을 자극하는 연기를 하여 아테나이를 웃음거리로 만드는 사람이 유죄 선고를 받을 가능성이 더 높다는 것을 만천하에 드러내 보이셔야 합니다.

여러분, 평판이 높은 사람이건 아니건 간에, 제가 생각하기에 배심원에게 애걸하는 것은 옳지 않습니다. 그리고 그런 짓을 하지 말 **c** 라고 가르치고 설득하기는커녕 오히려 그것을 받아들여 죄를 면해 주는 것 또한 옳지 않습니다. 배심원이라는 자리에 앉아 있는 사람이 가져야 하는 목적은 자기 눈에 괜찮아 보이는 사람이면 누구에게라도 호의를 베풀어 면죄부를 주는 데 있는 것이 아니라, 법에 따라 판단하는 데 있으며, 여러분이 서약한 것이 바로 그것입니다. 우리는 그 서약을 어기는 것이 여러분의 습관으로 자리잡도록 행동하지 말아야 하며, 여러분은 그걸 어기는 것을 습관으로 삼지 말아야 합니다. 그런 짓을 하는 것은 피차간에 도리에 맞지 않습니다.

그러니 배심원 여러분, 이 자리에서 그런 식으로 행동하라는 요구는 제게 하지 말아 주십시오. 제가 보기에 그런 행동은 선하지도, 정의롭지도, 신의 뜻에 맞지도 않습니다. 무엇보다도, 제우스를 앞에 두고 말씀드리거니와, 저는 지금 멜레토스에게 고소를 당해 이 자리에 서 있고, 그가 제게 뒤집어씌운 죄목은 신을 믿지 않는 죄입니다. 당연한 말이겠습니다마는, 이 상황에서 제가 애걸복걸하면서 여러분을 설득하고, 그렇게 하여 여러분이 그 서약을 어기도록 부추긴다면, 그것은 제가 여러분에게 '신이 있다'는 믿음을 가지지 말라고 가르치는 것과 다르지 않으며, 저의 변론은 제가 신을 믿지 않는다는 것을 스스로 입증하는 것과 다르지 않습니다. 여러분, 이것은 전혀 사실이 아닙니다. 왜냐하면 저는 저를 고소한 사람 중의 누구보다도 진심으로 신을 믿고 있기 때문입니다. 이제 저에 대한 판단은 여러분과 신에게 맡기겠습니다. 저를 위해, 그리고 여러분을 위해 최선의 판결이 내려지기를 기원합니다.

[이 말이 끝나자 501명의 배심원 겸 재판관들은 소크라테스에게 죄가 있는지의 여부를 판단하기 위한 투표를 하였다. 그 결과, 학자들 사이에 이견이 있기는 하지만, 유죄와 무죄에 각각 280표와 221표가 던져졌으며, 이렇게 하여 유죄가 확정되었다. 유죄가 확정되면 형량을 정하게 된다. 형량은 고소인들의 요구와 피고소인이자 유죄 선고를 받은 소크라테스의 요구 중 어느 쪽을 따를 것인지를

두고 배심원 겸 재판관이 투표를 통해 정한다. 앞서 고소인들은 소크라테스에게 사형을 선고해야 한다고 요구하였다. 이제 소크라테스가 자신이 바라는 형량을 말할 차례다.]

유죄 판결을 내린 여러분에게 화를 낼 생각은 없습니다. 제가 그 **e** 러는 데는 여러 가지 이유가 있습니다. 배심원 여러분, 이런 결과가 나오리라 짐작하지 못한 것도 아닙니다. 오히려 양쪽의 득표 결과 **36** 가 참으로 놀라울 따름입니다. 저는 이렇게 적은 차이가 아니라 훨씬 더 큰 차이로 유죄가 확정되리라 생각했습니다. 보시는 바와 같이, 30표만 다른 쪽에 갔더라도 무죄로 석방될 뻔하지 않았습니까? 이것으로 멜레토스의 고소에 대해서는 무죄임이 명백하게 드러났다고 저는 생각합니다. 그뿐이 아닙니다. 우리 모두가 분명하게 알게 **b** 된 것이 또 한 가지 있습니다. 그의 고소에 아뉘토스와 뤼콘이 합세하지 않았다면, 그는 전체 투표수의 5분의 1을 얻지 못해 1천 드라크마의 벌금을 치러야 했을 겁니다.

그런 그가 제게 사형을 선고해야 한다고 요구하고 있습니다. 기가 찰 노릇입니다. 배심원 여러분, 여기에 대해 저는 어떤 형벌을 내려 달라고 제안하는 것이 좋을까요? 말할 필요도 없이 그것은 제가 받아 마땅한 형벌이어야 합니다. 남의 눈에 띄지 않는 평범한 삶을 살기 위해 애썼다고 할 수는 없지만, 대다수 사람들의 마음을 가득 채우고 있는 것들, 예를 들어, 재산, 집안 일, 지휘관이나 대중연설가 등의 공직, 도시의 여러 정당이나 당파 등에 전혀 마음을 두어 본 적이 없는 제가 감당하거나 치러야 마땅한 형벌은 무엇일까요? 제가 생각하기에 저는 지나칠 정도로 정직한 사람이어서 그런 종류의 일에 관여했다면 목숨을 부지할 수 없었을 것입니다. 저는

c 그 길을 따라가지 않았습니다. 저 자신이나 여러분에게 아무런 이익이 되지 않는 그 길을 말입니다. 대신에 저는 여러분 한 사람 한 사람에게 사적으로 다가가서 제가 드릴 수 있는 가장 큰 혜택을 베풀었습니다. 이런저런 소유물을 늘리는 데 마음을 쓰지 말고, 그 전에 먼저 선하고 지혜로운 사람이 되기 위해 최선을 다해야 하며, 공공재산에 눈이 먼 사람이 되지 말고 도시를 위해 마음을 써야 하며, 그 밖의 다른 일에 대해서도 그와 마찬가지 방식으로 행동해야 한다

d 고 설득했습니다. 그런 삶을 살아온 제가 받아야 마땅한 형벌은 무엇이겠습니까? 배심원 여러분, 그것은 상당한 정도로 좋은 것이어야 합니다. 저의 공로를 고려하여 그에 제대로 된 평가를 내린다면 말입니다. 그리고 그것은 저의 처지에 적합해야 합니다. 여러분에게 은혜를 베푼 가난한 공로자, 여러분을 꾸짖기 위한 여가를 필요로 하는 그 사람에게 적합한 '형벌'은 무엇일까요? 여러분, 그런 사람에게 내릴 수 있는 '형벌'로서, 아테나이 최고의 숙소인 프뤼타네이온에서 음식을 대접을 받게 하는 것보다 더 적합한 것은 없습니다. 올림피아에서 열리는 승마 경기─두 마리나 네 마리의 말로 치루는 경기─에서 우승한 사람보다는 제가 그런 대접을 받는 것이 더 합

e 당합니다. 올림피아에서의 우승자는 여러분을 행복한 기분에 젖게 만들 뿐이지만, 저는 실지로 여러분을 행복하게 만드는 사람이기 때문입니다. 게다가 그 우승자는 음식을 제공받지 않아도 전혀 아쉬울 것이 없지만, 저에게는 음식이 절실합니다. 그러니 저의 공로를 정

당하게 고려하여 제가 받아야 마땅한 '형벌'을 정한다면, 저의 판단 **37**
은 이것입니다―저는 프뤼타네이온에서 마음껏 음식을 제공받아야
합니다.

저의 이 말을 듣고 여러분은, 앞서 법정에서 읍소하고 애원하는
일에 대한 저의 말을 들을 때와 마찬가지로, 건방지기 짝이 없다고
생각하실지 모릅니다. 배심원 여러분, 그것은 완전한 오해입니다.
사실을 말하자면 이렇습니다. 장담하건대 저는 단 한 번도 다른 사
람에게 고의로 나쁜 짓을 한 적이 없습니다. 그럼에도 저는 이것을
여러분에게 납득시키지 못하고 있습니다. 왜냐하면 우리가 대화를
나눌 수 있는 시간이 참으로 짧기 때문입니다. 어떤 도시에서는 그
렇게 한다고 합니다마는, 생명이 걸려 있는 사건의 경우에는 하루가 **b**
아니라 여러 날에 걸쳐 재판을 하는 법이 우리에게도 있다면, 여러
분에게 그 점을 납득시킬 수 있을지 모릅니다. 그러나 지금 이 자리
에서 짧은 시간 안에 저에 대한 엄청난 험담을 몰아내는 것은 결코
쉬운 일이 아닙니다. 그렇다고 하여, 제가 누구에게도 나쁜 짓을 하
지 않았다는 확신을 가지고 있는 이상, 좋지 않은 어떤 것을 저 자
신에게 부과할 생각이 없습니다. 이러이러한 나쁜 경험을 해야 마땅
하다고 말하는 등, 저 자신에게 그런 식의 부당한 평가를 내릴 생각
이 전혀 없습니다. 무엇이 두려워서 그렇게 한단 말입니까? 멜레토
스가 바라 마지않는 그 형벌이 두려워서 그렇게 해야 할까요? 앞서
말씀드린 대로, 죽음이 좋은 것인지 나쁜 것인지 알지 못하는데도
그렇게 해야 하나요? 아니면 제가 잘 아는 나쁜 것 중의 어떤 것을
선택하여 그것을 제게 형벌로 부과해 달라고 말해야 할까요? 징역 **c**

형이 괜찮아 보이십니까? 제가 무엇 때문에 형무담당관 11인의 눈치를 살피며 감옥살이를 해야 한단 말입니까? 벌금형, 또는 벌금을 낼 때까지의 구류형이 괜찮아 보이십니까? 이것 역시 받아들일 수 없기는 마찬가지입니다. 왜냐하면 저에게는 벌금을 낼 돈이 없기 때문입니다. 추방형은 어떻습니까? 어쩌면 여러분은 추방형이 저에게 가장 적절한 형벌이라고 생각하고 계실지 모릅니다.

배심원 여러분, 저는 끔찍하게 목숨을 아끼는 그런 사람이 아닙니다. 다른 도시의 시민이라면 사람을 사귀고 대화를 나눌 때의 저의 행동을 기꺼이 받아줄 거라 기대할 만큼 그렇게 생각이 없는 사람도 아닙니다. 저의 동료 시민인 여러분이 더 이상 저의 행동을 참을 수 없다고 하고 있고, 그 이상으로 저를 일종의 짐으로 여기고 있으며, 저에 대해 분개하면서 지금 저를 아예 제거하려 하고 있지 않습니까? 여러분, 그건 정말이지 터무니 없는 기대입니다. 이 나이에 이 도시 저 도시를 전전하며 사는 것이 과연 괜찮은 삶일까요? 저는 어디를 가더라도, 이곳 아테나이 청년들이 그러하듯이, 제가 하는 말에 귀를 기울이는 청년들이 있으리라는 것을 잘 알고 있습니다. 그런데 저를 만나려는 청년들을 제가 쫓아낸다면 그들은 어른들을 설득하여 그 도시에서 저를 쫓아낼 것입니다. 한편, 제가 그들을 쫓아내지 않고 맞이한다면 그들의 부모와 친척들이 그들을 보호하기 위해 저를 쫓아낼 것입니다.

어떤 분은 이렇게 말씀하실지 모릅니다. 그렇다면 소크라테스, 이곳을 떠나 다른 도시에 가서는 입 다물고 조용하게 살면 되지 않는가 하고 말입니다. 지금 이 자리에서 여러분 중의 몇 사람에게라도 제가 그렇게 살 수 없다는 것을 납득시키는 것보다 더 어려운 일은 없습니다. 우선, 제가 입을 다물고 있는 것은 신의 명령에 불복종하는 것이 되므로, 그렇게 사는 것이 불가능하다고 말씀드린다고 **38** 합시다. 여러분은 이 말을 믿지 않을 것이며, 예의 그 아이러니한 행동을 또 하고 있다고 생각하실 겁니다. 또 한편, 검사받지 않는 삶은 인간으로서 살 만한 가치가 없으므로, 날마다 덕에 대해 그리고 제가 저 자신과 다른 사람을 상대로 대화하고 검사할 때 여러분이 들었던 그 밖의 여러 가지 주제에 대해 토론하는 것이야말로 인간이 누릴 수 있는 가장 큰 선이라고 말씀드린다고 합시다. 여러분은 저의 이 말을 더 믿지 않으실 겁니다.

여러분, 제가 지금 드리는 말씀은 모두 사실입니다. 그럼에도 여러분에게 그것을 납득시키기가 쉽지 않습니다. 또한 금액이 얼마이건 간에 제가 벌금형을 받아야 한다고 생각한 적이 없습니다. 수중 **b** 에 돈이 있다면, 제가 낼 수 있는 만큼의 벌금을 부과해 달라고 여러분에게 요청했을 겁니다. 그렇게 한다 하더라도 제가 해를 입을 것 같지는 않기 때문입니다. 그러나 제게는 돈이 없습니다. 제가 낼 수 있는 만큼의 금액을 벌금으로 선고할 의향이 있으시다면 혹시 모르겠습니다. 제가 낼 수 있는 벌금은 은화 1므나 정도입니다. 괜찮으시다면 1므나의 벌금형을 저에게 선고해 주십시오.

배심원 여러분, 지금 이 자리에 와 있는 플라톤, 그리고 크리톤과 크리토불로스와 아폴로도로스가 저에게 벌금으로 30므나를 내겠다는 말을 하라고 하면서, 자신들이 그 돈에 대한 보증을 서 주겠다고 합니다. 그렇다면 좋습니다. 저에게 30므나의 벌금형을 선고해 **c**

주십시오. 충분한 자격을 갖춘 이 사람들이 그 돈의 보증인이 되어 줄 겁니다.

[소크라테스의 이 말이 끝나고, 501명의 배심원 겸 재판관들이 형량을 확정하기 위한 투표를 실시하였다. 고소인들은 소크라테스에게 사형을 선고해야 한다고 요구한 바 있다. 여기에 대해 소크라테스는 프뤼타네이온에서 마음껏 음식을 제공받아야 한다고 요구했다가 1므나의 벌금형으로 자신의 요구를 바꾸었으며, 최종적으로는 30므나의 벌금형을 요구하였다. 배심원 겸 재판관들은 소크라테스에게 사형을 선고할 것인지, 아니면 30므나의 벌금형을 선고할 것인지를 결정하기 위한 투표를 실시하였다. 그 결과, 학자들 사이에 이견이 있기는 하지만, 고소인과 피고소인의 요구에 각각 360표와 141표가 던져졌으며, 이렇게 하여 소크라테스의 사형이 확정되었다.]

배심원 여러분, 머지않아 여러분께서는 우리 아테나이를 폄하하려는 사람들로부터 지혜로운 사람 소크라테스를 죽였다는 오명과 책망을 뒤집어쓰게 될 것입니다. 여러분을 매도하려는 사람들은 제가 지혜로운 사람이 아닌데도 지혜롭다고 생각하고 있기 때문입니다. 조금만 더 기다리셨더라면, 여러분이 바라 마지않는 그 일이 저절로 이루어졌을 겁니다. 제 나이로 미루어 짐작하시겠지만, 저는 이미 살 만큼 살았고, 죽을 날이 멀지 않았습니다. 저는 지금 여러분 모두가 아니라 저를 죽여야 한다는 쪽에 투표한 분들에게 말을 하고 있습니다. 그분들에게 한두 마디 더하겠습니다. 어쩌면 여러분

196 니체, 신과 교육을 말하다

은 제가 여러분을 납득시킬 만한 말을 충분히 하지 않아서 제게 유죄가 선고되었다고 생각할지 모릅니다. 유죄 선고를 피하기 위해서는 할 수 있는 온갖 말과 행동을 해야 한다고 생각했다면, 그 정도로는 부족하다고 말입니다. 제가 보기에 그 생각은 완전히 틀렸습니다. 제가 유죄 선고를 받은 것은 말이 부족해서가 아니라, 여러분이 제게서 듣기를 바라 마지않는 그런 말을 하려는 뻔뻔함과 후안무치함과 의지가 없었기 때문입니다. 하소연과 읍소, 제가 일고의 가치도 없다고 주장한 온갖 말과 행동, 여러분이 다른 사람들에게서 으레 듣는 그런 것 말입니다. 그때 저는, 제가 처해 있는 위험에서 벗어날 수만 있다면 무슨 짓이라도 해야 한다고 생각하지 않았습니다. 그렇게 변론을 한 것에 대해 저는 지금도 후회하지 않습니다. 다른 방식으로 변론을 하여 생명을 부지하는 것보다는 이렇게 변론을 하고 죽는 것이 훨씬 더 낫다고 저는 생각합니다. 법정이나 전쟁터에서는 저뿐 아니라 누구든지, 온갖 수를 써서 죽음을 모면하려고 해서는 안 됩니다. 전쟁터에서 흔히 보는 일입니다마는, 어떤 사람은 들고 있던 무기를 버리고 추격해 오던 적군을 향해 달려가서 살려 달라고 애원함으로써 목숨을 부지합니다. 우리는 온갖 종류의 위험에 직면할 수 있지만, 죽음을 피할 수 있는 방법 또한 수없이 많습니다. 그것을 피할 수만 있다면 무슨 짓이든, 무슨 말이든 마다하지 않겠다고 마음먹는다면 말입니다. 배심원 여러분, 죽음을 피하는 것은 어려운 일이 아닙니다. 진짜 어려운 것은 악덕을 피하는 일입니다. 왜냐하면 악덕은 죽음보다 걸음이 더 빠르기 때문입니다. 저는 느리고 나이가 많은 탓에 걸음이 느린 추격자에게 붙잡혔습니다마

e

39

b

는, 영리하고 민첩한 저의 고소인들은 걸음이 빠른 악덕에 붙잡혔습니다. 이제 저는 여러분의 사형 선고를 받고 이곳을 떠납니다마는, 저들은 진리로부터 사악하고 부정의한 인간이라는 선고를 받았습니다. 여러분이 내린 판결을 제가 받아들여야 하는 것과 마찬가지로, 저들 또한 진리가 내린 판결을 받아들여야 합니다. 이것이 어쩌면 자연스러운 결말일 것입니다. 제가 보기에 이 사건은 이렇게 결말이 나야 마땅합니다.

c   이 대목에서 저에게 유죄를 선고한 분들이 맞이하게 될 미래를 예언하고자 합니다. 왜냐하면 저는 지금 예언을 잘할 수 있는 시점, 죽음을 코앞에 둔 지점에 서 있기 때문입니다. 저를 죽여야 한다는 쪽에 투표한 여러분에게 말하노니, 여러분은 제가 죽자마자 곧바로 복수를 당하게 될 것입니다. 그것은 여러분이 저에게 선고한 사형이라는 형벌보다 훨씬 더 견디기 어려운 복수가 될 것입니다. 여러분은 제게 사형을 선고하면서 여러분의 삶을 검사하는 자로부터 벗어날 수 있겠거니 생각하셨겠죠. 그러나 장담하거니와, 여러분은 그것

d   과는 정반대되는 경험을 하게 될 겁니다. 지금까지 저의 그늘에 가려서 여러분의 눈에 띄지 않았던 많은 사람들이 여러분을 시험하려 들 것입니다. 그들은 저보다 나이가 어리므로 여러분이 상대하기가 매우 어려울 것이며, 그들로부터 더 큰 분노를 느끼게 될 것입니다. 사람을 죽임으로써 올바른 방식으로 살고 있지 않은 당신을 꾸짖는 사람 전체를 없앨 수 있으리라 믿고 계신다면, 그것은 오산입니다. 그런 시험에서 벗어나는 것은 가능하지도, 바람직하지도 않습니다. 여러분이 취할 수 있는 최선의, 가장 손쉬운 자세는, 저와 같은 사

람을 불신하는 것이 아니라 어떻게든 지금보다 더 좋은 사람이 되겠다는 마음으로 기꺼이 맞이하는 것입니다. 저에게 유죄를 선고한 여러분이 맞이할 미래는 바로 이것입니다. 이 예언을 끝으로 여러분에게 작별을 고하고자 합니다.

하지만 제가 무죄라는 쪽에 투표한 분들과는 법정 관계자들이 분 **e** 주히 움직이고 있는 동안에, 그러니까 제가 죽어야 할 장소로 옮겨지기 전까지, 저에게 일어났던 일에 대해 기꺼이 대화를 나누고자 합니다. 그러니 여러분, 잠깐 동안이나마 저와 함께 있어 주십시오. 지금 이 시간만큼은 어떤 것도 우리가 서로 이야기를 나누지 못하도록 막지 않으니까요. 저는 여러분에게, 저의 친구인 여러분에게, 제 **40** 가 경험한 이 일이 어떤 의미를 가지는지 말씀드리고자 합니다. 재판관 여러분, 재판관이라고 불러서 손색이 없는 친구 여러분, 이 사건이 진행되는 동안에 저에게 참으로 놀라운 일이 일어났습니다. 알 만한 사람은 다 아는 저의 그 신성은 제게 신호를 보내 전 생애에 걸쳐 수시로 저를 제지했습니다. 아주 사소한 문제에 대해서조차 제가 조금이라도 나쁜 짓을 한다 싶으면 곧바로 그렇게 했습니다. 그런데 여러분이 지금 보신 바와 같이, 이번에 저는 가장 나쁜 일이라고 생각해도 좋을 만한 일, 대체로 그렇게 인정되는 일을 당했습니다. 그런데도 신성은 제가 새벽에 집을 나설 때도, 법정에 들어설 **b** 때도, 연설을 하는 동안 하려고 했던 어떤 말에 대해서도, 신호를 보내 저를 제지하지 않았습니다. 그러나 다른 때에는 제가 이야기를 하는 도중에도 자주 저의 말을 막았었습니다. 그런데 이번에는 저의 어떤 말, 어떤 행동에 대해서도 반대하지 않았습니다. 이 사실을 어떻게 받아들여야 할까요? 제 생각을 말하면 이렇습니다. 지금 제가 겪고 있는 모든 것은 저에게 좋은 일임에 틀림없습니다. 우리들 중에 죽음이 나쁜 것이라고 믿고 있는 분이 계시다면, 그것은 잘못된 생각입니다. 저는 이 말에 대한 확실한 증거를 가지고 있습니다. 왜냐하면 제가 하려고 했던 일이 옳은 것이 아니었다면, 예의 그 신호가 저를 제지하지 않았을 리 만무하기 때문입니다.

c

또한 어떻게 생각하면, 죽음이 축복일 수 있다는 기대를 가져도 좋을 듯합니다. 왜냐하면 죽음은 다음 두 가지 중 하나일 것이기 때문입니다. 하나는, 죽음은 무無의 상태로서, 사람이 죽으면 어떤 지각도 가지지 않습니다. 다른 하나는, 우리가 대체로 믿고 있는 것으로서, 죽음은 영혼이 이곳에서 다른 곳으로 거주지를 바꾸고 옮기는 일입니다. 우선, 사람이 죽으면 꿈도 없이 깊은 잠을 잘 때처럼 아무런 감각도 느낄 수 없게 된다고 합시다. 죽음이 이런 것이라면, 죽는다는 것은 굉장한 이익을 보는 일이 아닐 수 없습니다. 제가 그렇게 생각하는 이유는 이렇습니다. 어떤 사람이 꿈꾸는 일조차 없이 단잠을 잤던 밤 하나를 고른다고 합시다. 그리고 그 하룻밤 옆에 그가 평생토록 보낸 나머지 모든 밤과 낮을 세워 놓고 양자를 비교한다고 생각해 봅시다. 수많은 밤과 낮 가운데 그 하룻밤보다 더 기분 좋고 즐거웠던 밤과 낮은 과연 얼마나 되겠습니까? 그런 밤과 낮의 수가 몇 손가락으로 꼽을 수 있는 정도라는 점에서는 보통 사람

d

과 대국의 왕이 다르지 않습니다. 만약 죽음이 이런 것이라면, 제가 말씀드린 대로 죽는다는 것은 큰 이익을 얻는 일입니다. 왜냐하면, 왜냐하면 죽은 사람이 가지는 모든 시간은 어느 하룻밤, 바로 그것

e

이기 때문입니다. 또 한편, 죽는다는 것은 영혼이 이곳에서 다른 곳으로 거주지를 바꾸는 일이라고 생각해 봅시다. 우리가 죽음에 대해 대체로 가지고 있는 이 믿음이 사실이라면, 그리하여 지금까지 죽은 모든 사람들이 그곳에 거주하고 있다면, 배심원 여러분, 그곳에 머무는 것보다 더 큰 축복이 어디 있겠습니까? 자칭 재판관이라 **41** 는 사람들이 득실대는 이곳에서 벗어나 하데스에 도착한다고 생각해 봅시다. 그리하여 그곳에 앉아 재판을 하는 것으로 알려져 있는 진짜 재판관들—미노스Minos와 라다만튀스Rhadamanthys와 아이아코스Aiakos와 트리프톨레모스Triptolemos, 그리고 그 밖에 올바른 삶을 영위함으로써 반신半神의 지위에 오른 분들을 만나게 된다면, 거주지를 옮기는 그것에 대해 누가 불쌍하다고 말할 수 있겠습니까? 또 한편, 오르페우스Orpheus, 무사이오스Musaios, 헤시오도스Hesiodos, 호메로스를 친구로 사귈 수 있다면, 여러분은 어떻게 하시겠습니까? 그것이 사실이라면, 저는 몇 번이라도 죽겠습니다. 그곳에서 저는 제게 딱 맞는 멋진 삶을 살 수 있습니다. 언제든지 팔라메데스 **b** Palamedes, 텔라몬Telamon의 아들 아이아스Aias, 그리고 부당한 판결을 받고 오래전에 죽은 여러 사람들을 만나 시간을 함께 보낼 수 있고, 저의 경험을 그들의 그것과 비교할 놀라운 기회를 가질 수 있을 테니 말입니다. 유쾌하지 않을까 생각해 봅니다. 무엇보다도 중요한 일로서, 이곳에서와 마찬가지로 그곳에서도 저는, 그들 중에 지혜로운 사람은 누구인지, 스스로 지혜롭다고 생각하고 있지만 사실은 그렇지 않은 사람은 누구인지를 밝혀내기 위해 그들을 시험하고 검사하며 시간을 보낼 수 있습니다.

c 　재판관 여러분, 트로이아를 향해 대군을 이끌고 원정을 떠났던 사람—아가멤논Agamemnon—과 오뒤세우스Odysseus와 시쉬포스 Sisyphos, 그리고 이름만 대면 누구나 알 만한 수많은 남녀 위인들을 검사할 기회를 가질 수 있다면 무엇을 바친들 아깝겠습니까? 그들과 대화를 나누고 교제하고 그들을 검사하는 데서 얻는 행복은 다른 어떤 것과도 비교할 수 없는 특별한 행복일 것입니다. 어느 경우이건 간에, 그곳 사람들은 그런 행동을 했다고 사람을 죽이지는 않을 겁니다. 왜냐하면 그곳 사람들은 여생을 불사의 존재로 살아가며, 그 외에도 여러 면에서 이곳의 우리보다 행복한 삶을 영위하기 때문입니다. 우리가 죽음에 대해 대체로 가지고 있는 믿음이 사실이라면 말입니다.

　배심원 여러분, 저와 마찬가지로 여러분도 죽음에 대해 좋은 기대를 가지셔야 합니다. 그리고 이 한 가지 사실을 마음에 간직하시

d 기 바랍니다. 선한 사람은 살아 있을 때에도 그리고 죽어서도 해를 입지 않는다는 것, 그가 하는 일 중에 신의 보살핌을 받지 않는 일은 없다는 것을 말입니다. 지금 제가 겪고 있는 일은 결코 우연히 일어난 것이 아닙니다. 확신하건대, 지금 죽는 것, 그리하여 온갖 고통에서 벗어나는 것이 저에게 더 낫습니다. 이 사건이 진행되는 동안에 어떤 순간에도 저의 그 신성이 신호를 보내 저를 제지하지 않았던 이유는 바로 거기에 있습니다. 따라서 저는 저에게 유죄를 선고한 사람들이나 저의 고소인들에게 화를 낼 생각이 조금도 없습니다. 물론, 저를 고소하고 유죄를 선고할 때 그들의 목적이 거기에 있었던 것은 아닙니다. 저들의 목적은 오직 저에게 해를 입히

는 데 있었습니다. 이 점에서 그들은 비난을 받아야 마땅합니다. 형 **e**
편이 이러함에도, 저는 그들에게 부탁 한 가지를 하고자 합니다. 저
의 자식들이 말귀를 알아듣는 나이가 되거든, 제가 여러분에게 드렸
던 고통과 동일한 종류의 고통을 그들에게 주셔서 저에 대한 복수
를 해 주십시오. 제 자식들이 덕을 추구하는 일이 아니라 돈이나 그
밖의 어떤 것에 더 크게 마음을 쓰는 것으로 생각되거든, 보잘것없
는 주제에 대단한 사람이라도 되는 양 우쭐대거든 그렇게 해 주십시
오. 그들이 올바른 것에 관심을 기울이지 않거든, 별것도 아닌 놈들
이 잘난 줄로 착각하고 있거든, 제가 여러분을 꾸짖듯이 꼭 그렇게
제 자식들을 꾸짖어 주십시오. 여러분께서 그렇게 해 주신다면 저는 **42**
여러분에게 정당한 대접을 받는 셈이 되며, 제 자식들 또한 마찬가
지일 것입니다.

　이제 각자의 길을 갈 시간이 되었습니다. 저는 죽음을 향해, 여
러분은 삶을 향해 나아갑니다. 저와 여러분 중의 어느 쪽이 더 나은
길을 가는 것인지, 아는 사람은 아무도 없습니다. 오직 한 분, 신만
이 알고 계십니다.

저자 소개

박상철(Park Sangcheol)

전라남도 순천에서 나고 자랐다. 한국교원대학교를 졸업하였으며,
서울대학교에서 교육학 석사, 박사 학위를 받았다. 한국교육개발원
에서 근무하였으며, 2005년부터 서울교육대학교 교수로 재직하고
있다. 그의 관심 분야는 동서양의 교육과정 이론이다.

이메일: scpark@snue.ac.kr

니체, 신과 교육을 말하다
Nietzsche As Educator

2015년 3월 30일 1판 1쇄 인쇄
2015년 4월 10일 1판 1쇄 발행

지은이 • 박상철
펴낸이 • 김진환
펴낸곳 • (주) **학지사**
　　　　121-838 서울시 마포구 양화로 15길 20 마인드월드빌딩
대표전화 • 02)330-5114　　　팩스 • 02)324-2345
등록번호 • 제313-2006-000265호

홈페이지 • http://www.hakjisa.co.kr
커뮤니티 • http://cafe.naver.com/hakjisa

ISBN　978-89-997-0390-4　03370

Copyright ⓒ 2015 by Hakjisa Publisher, Inc.

정가　9,800원

인터넷 학술논문 원문 서비스 **뉴논문** www.newnonmun.com

이 도서의 국립중앙도서관 출판시도서목록(CIP)은 서지정보유통지
원시스템 홈페이지(http://seoji.nl.go.kr)와 국가자료공동목록시스템
(http://www.nl.go.kr/kolisnet)에서 이용하실 수 있습니다.
(CIP제어번호: 2015008107)